© William'SK - Gaïa Esotérica
Éditions & Publications, 2019.
ISBN : 978-2-9566912-0-4

ॐ

Nous avons chacun le nôtre, qui suit tous nos pas,
qui nous console et nous soutient.

- Anatole France .
La révolte des anges (1914)

ॐ

WILLIAM'SK

CONNAÎTRE
SES ANGES GARDIENS

❀

POUVOIRS ET VERTUS,
PRIÈRES, RITUELS & INVOCATIONS

Gaïa Esotérica
Éditions & Publications
Haut-Rhin | Alsace | France

INTRODUCTION

Les Anges sont décrits comme des créatures célestes, des êtres intermédiaires entre le Créateur et le monde des Hommes. Ils sont mentionnés sous des formes diverses dans les textes religieux : bibliques et mazdéens, akkadiens et Ougaritiques, et bien d'autres...

L'étude des Anges a été développée à partir de traditions et de croyances très anciennes, on en trouve par exemple des traces écrites chez les anciens peuples Égyptiens, Chaldéens, Babyloniens, etc.

L'étude des Anges, de leurs noms et de leur rôle, et de leur place dans la hiérarchie divine est appelée " angélologie ". L'angélologie est un sujet assez complexe qui est étudié depuis des millénaires. Cette étude est commune aux traditions hermétiques judéo-chrétienne, et varie selon les religions, et en fonction des époques.

Chacune des " *Religions abrahamiques* " possède sa propre " angélologie ". Toutes les traditions affirment que les Anges sont formés en " *Chœurs angéliques* " et disposés selon une hiérarchie semblable à " *l'arbre de vie* " de la kabbale juive. C'est d'ailleurs cette dernière tradition, qui a influencé l'angélologie contemporaine et les diverses pratiques associées.

L'angélologie chrétienne s'appuie elle-même sur la tradition hermétique de l'angélologie judaïque *(Kabbale)*. Ainsi, la kabbale, et plus généralement l'étude des Anges, a pour but de révéler le sens caché de " *l'ancien Testament* ".

Selon les kabbalistes et les praticiens hermétiques :

" *tout le savoir du monde y est renfermé, la découverte permet de connaître le passé, le présent et aussi le futur* "

LES ANGES QUI SONT-ILS ?

Les Anges Gardiens seraient des êtres uniquement spirituels, ou des esprits purs doués d'un corps éthéré subtil, aérien, et physiquement immatériel, ou invisible. Ils appartiennent au monde supraterrestre.

Dieu est le " *créateur du ciel et de la terre, de l'univers visible et invisible* ", les Anges sont donc des créatures spirituelles et non corporelles.

Lors de leurs manifestations ou apparitions, dans des visions ou dans les rêves, ils ne pourraient revêtir que les apparences de l'Homme.

Envoyés divins, ils rempliraient pour le *Saint des Saints* les fonctions de ministres et de messagers, de missionnaires et de gardiens, de conducteurs des astres, d'exécuteurs des lois, et de protecteurs des élus.

Mais, plus qu'à leur nature, la tradition s'est intéressée surtout à la fonction des anges. Ainsi, selon *Saint Augustin*, ils sont de tout leur être " *des serviteurs du Tout-Puissant* " et en particulier ses messagers, comme le rappelle l'étymologie du mot " *ange* ".

Parce qu'ils sont continuellement occupés à contempler la face de Dieu et, de ce fait, attentifs à sa parole, ils en sont aussi des messagers privilégiés.

Ils jouent le rôle d'avertisseurs du Sacré, en adressant des signes aux êtres humains, et en les soutenant dans leur vie terrestre. Les croyants peuvent donc s'appuyer sur leur aide pour se tourner vers le *Créateur*.

" *Dieu a tout ensemble, dès le commencement des temps, créé de rien l'une et l'autre créature, la spirituelle et la corporelle, c'est-à-dire les anges et le monde terrestre ; puis la créature humaine qui tient des deux, composée qu'elle est d'esprit et de corps* "

Les Anges sont doués de conscience et de discernement, et sont organisés par ordre d'autorité et hiérarchisés par commandements.

Les Anges gardiens sont aussi identifiés sous les appellations ou noms de : " *Génie* " ou " *Intelligence* ", " *Être Céleste* " ou lumineux, mais aussi " *Esprit de lumière* " et " *Souffle divin* ", et parfois " *Missionnaire* " ou encore " *Envoyé du Très-Haut* ", " *Messager divin* "...

Autant de désignations qu'il y a de pratiques ou de cultes religieux, relatif à l'application d'une discipline hermétique ou d'une connaissance ésotérique ou occulte.

Les Anges forment ainsi l'armée céleste de l'*Éternel*, sa cour, ou sa " *maison divine* ". Ils transmettent ses ordres et veillent sur le monde des Hommes.

Les Anges tiennent un rôle très important dans les textes sacrés. Leur hiérarchie est liée à leur proximité du trône du *Tout-Puissant*.

Saint Grégoire le Grand écrit que les archanges sont plus que des anges, car ce sont " *eux qui annoncent les plus grands mystères* ".

Les noms des trois principaux Anges reconnus, par exemple dans le christianisme, et qui font l'objet de dévotion, sont : *Saint Michel* ou *Mikaël* ; le vainqueur des dragons, *Saint Gabriel* ; messager et initiateur, et *Saint Raphaël* ; guide des médecins et des voyageurs.

Dans l'ésotérisme chrétien, un quatrième Archange est aussi reconnu, et il s'agit de l'Ange gardien *Uriel* ou *Ouriel*, le " *Prince de la Lumière* ".

Ces quatre Archanges nommés représentent symboliquement les quatre éléments, ainsi que les quatre points cardinaux du ciel et non des points cardinaux terrestres.

Tradition Kabbalistique

La connaissance des Anges nous vient principalement de la *kabbale*, une tradition hermétique du judaïsme, qui a pour but de révéler le sens caché de " *l'ancien Testament* ".

Cette tradition, contrairement au christianisme, reconnaît plusieurs Archanges principaux dont : l'Ange *Michaël*, le Saint Ange *Gabriel*, l'Archange *Raphaël* et l'Archange *Uriel*. Mais aussi, les Anges *Raziel* et *Binaël*, le grand Archange *Métatron*, ainsi qu'*Hésédiel* et *Camaël*, et aussi l'Archange *Haniel*.

Les Anges sont donc organisés ou ordonnés en " hiérarchie " dans les cieux. Ces hiérarchies célestes sont à l'image de celles des Hommes, et elles se composent d'un total de neuf chœurs.

Grâce aux enseignements ésotériques et théologiques qui ont marqué l'histoire, les " degrés " les plus courants et connus des mortels sont :

Les Anges : Ce sont les messagers du *Très-Haut*.

Les Archanges : Les Anges chargés des nouvelles des plus hautes importances comme l'Annonciation, ou comme chef des armées.

Les Chérubins : Les gardiens de " *l'arbre de vie* ", protecteurs des temples, des palais et de " L'*Arche d'Alliance* ".

Les Séraphins : Anges importants dans les cieux, gardiens et protecteurs du *Créateur*, ils servent autour de son trône.

À ces hiérarchies connues s'ajoutent aussi les suivantes :

Les Trônes : Anges transmettant la lumière permettant la compréhension des épreuves de la vie.

Les Dominations : Les Anges œuvrant à l'intégration des mondes spirituels et matériels.

Les Puissances : Anges aidant les Hommes à gouverner leur vie, à trouver le courage dans les épreuves et la justice de leurs actes.

Les Principautés : Ces Anges incitent l'humain à créer des liens sentimentaux, à rechercher la beauté, l'esthétisme et l'harmonie en toute chose.

Les Vertus : Anges gardiens orchestrant les désirs humains et les besoins spirituels

Le classement étant différent suivant les traditions religieuses et hermétiques, le nombre total des Anges reste cependant le même, soit un nombre de 72 " Génies ".

ÉCRITURES SAINTES

L'écriture Sainte ne fait pourtant aucune allégation aux 72 Anges Gardiens ou " Génies " de Dieu. Pourtant, d'après *Hénoch (100 : 5) :*

" il (Dieu) placera une garnison de saints messagers, sur tous les saints et les justes, et ils les garderont comme la prunelle de leurs yeux ".

Dans son Livre, *Hénoch* mentionne " 72 *princes célestes des royaumes*", qui se tiennent au-dessous " *des sept archanges*".

" Tous les ophanim sont couverts d'yeux et couverts d'ailes. Sur leur vêtement sont fixées 72 pierres de saphir, à la droite de chacun d'eux. Sur leur vêtement sont fixées 72 pierres de saphir, à la gauche de chacun d'eux. "

Chaque fidèle est assisté par un Ange, précise *Basile le Grand*. Les Anges guident la vie des Hommes, ils sont à la fois leur pédagogue et leur protecteur. Ils agissent sur tous les " plans ".

Ce rôle de protection, nous le trouvons également mentionné dans les écritures pour *Loth (Genèse 19 : 15-16)* :

" les anges insistèrent auprès de Loth en disant ; lève-toi, prends ta femme et tes filles, sinon tu disparaîtras dans la punition qui s'abattra sur la ville "

Pour *Ismaël (Genèse 21 : 17)* :

" L'ange de Dieu appela Agar depuis le ciel (…) N'aie pas peur, car Dieu a entendu les cris de l'enfant... "

Pour *Jacob (Genèse 48 : 16)* :

" l'ange, qui m'a délivré de tout mal, bénisse ces garçons ! "

Un Ange délivre également *Pierre* de la prison, dans
" *l'Acte des Apôtres* " *(Actes 12 : 7)* :

> " *Soudain, un ange du Seigneur survint et une lumière*
> *resplendit dans la cellule. L'ange réveilla Pierre...* "

Dès l'Ancien Testament, les anges protègent et guident
les Hommes. Dieu donne mission à ses anges de nous
garder sur tous nos chemins :

> " *Il donnera ordre à ses anges de te garder dans toutes tes*
> *voies. Ils te porteront sur les mains, de peur que ton pied ne*
> *heurte une pierre.* " *(Psaumes 91 : 11)*

Cette mission de protection continue :

> " *Du début de l'existence au trépas, la vie humaine entourée*
> *de leur garde et de leur intercession. Chaque fidèle a à ses*
> *côtés un ange comme protecteur et Pasteur pour le conduire à*
> *la vie* " *(Basile de Césarée)*

Le Moyen Âge connaît alors une période qui voit
triompher la dévotion aux Anges, ceux-là interviennent
dans la plupart des dangers, dans les guerres et aussi les
croisades.

L'Ange, en tant que messager, est toujours porteur d'une
bonne nouvelle pour l'âme des Hommes. Doué
d'ubiquité, il serait ainsi capable de se déplacer en
plusieurs lieux, et de soutenir plusieurs hommes et
femmes à la fois.

**Archange Michael
vainquant le Dragon**
Gravure de Pieter de Jode. 16e ou 17e siècles.

WILLIAM'SK

Les Anges Gardiens sont-ils Asexués ?

FIGURES MASCULINES ?

Question posée depuis des siècles, de nombreux penseurs, philosophes et théologiens, ont essayés d'y répondre sans apporter de réponse précise. Il est souvent affirmé que les Anges sont asexués au même titre que notre âme.

L es Anges sont principalement décrits, dans les textes bibliques et religieux, au " genre masculin ". Aucun Ange n'apparaît dans les " *Saintes Écritures* " sous les traits d'une femme.

Pourtant, *Zacharie (chapitre 5 : verset 9)* fait référence à des Anges dont le sexe serait du genre féminin :

" *Je levais les yeux et je regardais, et voici, deux femmes parurent. Le vent soufflait dans leurs ailes ; elles avaient des ailes comme celles de la cigogne.* "

Les femmes de sa vision ayant des ailes nous évoquent alors des Anges du " genre féminin ", mais il faut se garder de faire dire au texte, ce qu'il ne dit pas en réalité.

En effet, le mot " aile " *(de l'hébreu biblique : Kanaph)*, de la vision de *Zacharie* peut aussi se traduire par une " extrémité " d'un voile ou d'un tissu, de la " frange " d'une robe ou au " pan " d'un vêtement flottant dans le vent.

UNE ERREUR D'INTERPRÉTATION ?

L'explication qui mène à penser que les Anges sont asexués vient peut-être d'une interprétation de *Saint Matthieu (22 : 30)* qui dit qu'il n'y aura plus de mariage après la résurrection :

> " *En effet, à la résurrection, les hommes et les femmes ne se marieront pas, mais ils seront comme les Anges de Dieu dans le ciel.* ".

Le fait que les Anges ne s'unissent pas dans le mariage n'implique pas qu'ils soient asexués. Les nombreuses références masculines aux Anges vont dans un point de vue inverse à cette idée. Les Anges ne se marient peut-être pas, mais cela n'affirme pas qu'ils sont sans sexe.

Le caractère masculin attribué aux Anges à travers les Écritures, fait davantage référence à l'Autorité, qu'au genre. *Dieu* est lui-même toujours désigné au masculin, et le *Saint-Esprit* n'est jamais décrit au féminin, mais aussi au masculin.

Dieu est un être unique et décrit comme une " *figure d'autorité* ", d'où l'emploi du genre masculin. Il serait autrement dit " incorrect " de désigner les puissances divines ainsi, à cause de l'autorité considérable que *Dieu* leur a conférée, de transmettre ses messages et de le représenter sur terre.

Notions et Réflexions erronées

Selon certaines idées reçues, les Anges dont le nom possède le suffixe " *EL* " posséderaient les traits du genre masculin, et ceux dont le nom se termine par " *IAH* " seraient du genre féminin.

En réalité, les suffixes " *IAH* " et " *EL* " sont des désinences *(terminaisons)* ajoutées à la racine des " 72 Souffles Divins ". Cela donne des noms de trois syllabes. Ainsi, le nom " *Véhou* " devient " *Véhuiah* " dans la kabbale chrétienne.

Le suffixe " *EL* " est toujours relatif à *Dieu* et est toujours utilisé pour désigner un Ange. Sauf pour *Métatron* et *Sandalphon* qui dérogent à cette règle car ce sont les deux seuls archanges qui ont connu une vie terrestre par le passé.

" *EL* " est un mot qui nous vient des langues sémitiques, signifiant : " dieu ". Le suffixe " *IAH* " est également une correspondance à *Dieu*. Ce suffixe se retrouve par exemple dans le mot " *alléluia* ". En hébreu, " *halelou-iah* " nous vient du verbe " *hillel* " qui veut dire " louer ", et du suffixe " *iah* " qui est la simple abréviation de *Yahvé (Iahvé)*. Donc, alléluia se traduit habituellement par " louer le *Seigneur* ", ou " louer *Dieu* ".

Les suffixes " *EL* " et " *IAH* " *(ou Yah)* en termes sémitiques, sont donc employés pour désigner le " nom " de *Dieu*, notamment dans la *Bible hébraïque*.

Aucune source sûre ne permet de certifier que leur genre est en relation avec les suffixes " *EL* " ou " *IAH* " pour définir leur sexe. Ni même les références relatives aux discussions théologiques médiévales s'attardant sur des détails sans intérêt, et des précisions trop superflues.

SE BASER SUR L'ICONOGRAPHIE ?

Nous ne pouvons nous fier à l'iconographie des Anges. L'ensemble des représentations dans les arts visuels ne permettent pas d'affirmer qu'ils sont de sexe masculin ou féminin. L'iconographie, notamment l'art religieux, utilise des symboles visuels permettant l'interprétation du contenu des images.

Les attributs des rois, des dieux, des héros, des personnifications allégoriques, leurs visages, leurs postures les rendent facilement reconnaissables, et se transmettent d'un artiste à l'autre.

Ainsi, les Anges sont majoritairement représentés sous des traits " androgynes ". Ils sont très rarement mis en scène sous des traits virils, ce qui est une représentation plutôt récente. Leur physionomie dans les peintures et sculptures est constituée de lignes ambiguës. Ils ne possèdent pas un visage " carré " ou musclé et puissant, et ont un faciès sans pilosité.

Pourquoi sont-ils représentés ainsi ? Pour trouver la réponse, il faut se pencher sur le symbolisme de l'androgynie.

L'androgyne, n'est ni masculin, ni féminin. Il est un symbole neutre. L'androgyne est le symbole de l'unicité de l'être originel et indifférencié. Par là, il se distingue de l'hermaphrodite qui représente plutôt l'union de deux sexes distincts. Ainsi, l'androgyne est un être homme-femme.

Il est à la fois le symbole de l'être non encore manifesté dont les polarités sont toujours fusionnées au sein de l'Unité, et de l'être manifesté ayant réalisé leur réintégration au sein de l'Unité primordiale *(alpha oméga)*.

Au-delà de la dimension sexuelle, l'androgyne évoque la complémentarité des contraires, comme le jour et la nuit, le visible et l'invisible, le yin et le yang. L'androgyne est souvent dépeint soit comme une " *réunion de deux principes qui se complètent réciproquement* " *(dyade)*, soit comme une entité bisexuée.

L'androgyne est un être, dont l'apparence physique et/ou gestuelle ne permet pas de savoir clairement à quel sexe ou genre il appartient. Il est symbole de l'être qui unit les deux principes en lui-même.

Les anges étant de purs esprits, l'art a dû, pour les rendre visibles, leur donner une forme matérielle : il a pris, en conséquence, la plus belle et la plus noble, qui est la forme humaine sous les traits androgynes.

La représentation androgyne des Anges, soutien aussi qu'ils sont les protecteurs éternels des deux genres humains, celui des hommes et des femmes.

Connaître le nom de ses Anges Gardiens

William'SK

LES ANGES ET LES PLANS SUBTILS

Dès sa naissance, l'être humain est assisté et soutenu par trois énergies divines ou Anges Gardiens. Ces Intelligences gouvernent ainsi certains plans subtils qui structurent le fonctionnement de notre corps ou de notre être.

L es Anges soutiennent l'Homme tout au long de sa vie, travaillant avec lui et en lui, afin de l'accompagner dans ses actions, ses défis et ses objectifs, et de le guider vers la lumière.

Il est possible de connaître les noms de ses trois Anges Gardiens protecteurs et leur numéro recteur, en faisant correspondre notre jour de naissance et son heure, ainsi qu'avec la période d'action quotidienne des anges.

I. Le premier plan correspond au " *corps physique* ". Il est dominé par l'Ange de l'incarnation, qui guide le monde des actions, la volonté et les buts de la vie de l'Homme. Il est l'Ange du monde matériel, permettant de mieux comprendre les épreuves et les leçons de notre vie.

Cet Ange est lié à la période de naissance, et beaucoup aiment se référer, selon la tradition populaire, à cet Intelligence comme " *ange gardien* ", qui est le garant de notre intégrité physique, et le protecteur de la vie.

II. La seconde sphère correspond au " *plan émotionnel* ", elle est dominée par l'ange de " cœur " ou de l'âme. Il nous indique notre potentiel et les vertus que l'on doit travailler, pour que l'Homme accède à l'amour, la compassion et enfin à la sagesse. Il nous enseigne sur la manière de ressentir les choses, il nous accompagne dans tous les aspects affectifs de notre vie. Cet Intelligence est lié à la période d'action quotidienne des Anges.

III. Le troisième plan correspond à celui de " l'intellectuel " et du " spirituel ". Il domine le monde des pensées, celui des " *qualités mentales* ". Il représente la part divine qui est en l'Homme. En travaillant avec cet Ange, il est possible d'atteindre un état de " *pleine conscience* ", d'élever notre esprit à un potentiel supérieur.

Il nous soutient dans la compréhension de la voie spirituelle et nous accompagne lorsque nous nous dévouons au service d'autrui. Cet Ange Gardien correspond à l'heure de naissance.

Il faut savoir qu'il existe plusieurs procédés de recherche pour connaître le nom de nos Anges Gardiens. Mais, pour simplifier la recherche de notre Ange recteur, et pour nous éviter de calculer notre heure solaire de naissance, ainsi que le degré exact de notre zodiaque. Il existe des " *tables de concordances simplifiées* " afin de trouver les noms des Intelligences qui nous gouvernent.

ANGE DU PLAN PHYSIQUE ET SON NUMÉRO RECTEUR

Les tables de cette première section permettent de connaître le nom de notre Ange Gardien et son numéro recteur, suivant le jour de notre naissance. Nommé " *Ange de l'incarnation* ", il domine le plan physique de notre être.

JANVIER

1er janvier au 5 janvier
NÉAMIAH -57-

6 janvier au 10 janvier
YÉIALEL -58-

11 janvier au 15 janvier
HARAEL -59-

16 janvier au 20 janvier
MITZRAEL -60-

21 janvier au 25 janvier
UMABEL -61-

26 janvier au 30 janvier
IAHHEL -62-

FÉVRIER

31 janvier au 4 février
ANAUEL -63-

5 février au 9 février
MÉHIEL -64-

10 février au 14 février
DAMABIAH -65-

15 février au 19 février
MANAKEL -66-

20 février au 24 février
EYAEL -67-

25 février au 29 février
HABUHIAH -68-

MARS

1er mars au 5 mars
ROCHEL -69-

6 mars au 10 mars
JABAMIAH -70-

11 mars au 15 mars
HAIAYEL -71-

16 mars au 20 mars
MUMIAH -72-

21 au 25 mars
VÉHUIAH -1-

26 au 30 mars
JÉLIEL -2-

AVRIL

31 mars au 4 avril
SITAEL -3-

5 avril au 9 avril
ELÉMIAH -4-

10 avril au 14 avril
MAHASIAH -5-

15 avril au 20 avril
LÉLAHEL -6-

21 avril au 25 avril
ACHAIAH -7-

26 avril au 30 avril
CAHÉTHEL -8-

MAI

1er mai au 5 mai
HAZIEL -9-

6 mai au 10 mai
ALADIAH -10-

11 mai au 15 mai
LAUVUEL -11-

16 mai au 20 mai
HAHAIAH -12-

21 mai au 25 mai
IÉZALEL -13-

26 mai au 31 mai
MÉBAHEL -14-

JUIN

1er juin au 15 juin
HARIEL -15-

6 juin au 10 juin
HÉKAMIAH -16-

11 juin au 15 juin
LAUVIAH -17-

16 juin au 21 juin
CALIEL -18-

22 juin au 26 juin
LEUVIAH -19-

27 juin au 1er juillet
PAHALIAH -20-

JUILLET

2 juillet au 6 juillet
NELCHAEL -21-

7 juillet au 11 juillet
YÉIAYEL -22-

12 juillet au 16 juillet
MÉLAHEL -23-

17 juillet au 22 juillet
HAHÉUIAH -24-

23 juillet au 27 juillet
NITHHAIAH -25-

28 juillet au 1er août
HAAIAH -26-

AOÛT

2 août au 6 août
YÉRATEL -27-

7 août au 12 août
SÉHÉIAH -28-

13 août au 17 août
RÉIYEL -29-

18 août au 22 août
OMAËL -30-

23 août au 28 août
LECABEL -31-

29 août au 2 septembre
VASARIAH -32-

SEPTEMBRE

3 septembre au 7 septembre
YÉHUIAH -33-

8 septembre au 12 septembre
LEHAHIAH -34-

13 septembre au 17 septembre
CHAVAQUIAH -35-

18 septembre au 23 septembre
MÉNADEL -36-

24 septembre au 28 septembre
ANIEL -37-

29 septembre au 3 octobre
HAAMIAH -38-

OCTOBRE

4 octobre au 8 octobre
RÉHAEL -39-

9 octobre au 13 octobre
YÉIAZEL -40-

14 octobre au 18 octobre
HAHAHEL -41-

19 octobre au 23 octobre
MIKAEL -42-

24 octobre au 28 octobre
VEULIAH -43-

29 octobre au 2 novembre
YÉLAHIAH -44-

Novembre

3 novembre au 7 novembre
Sehaliah -45-

8 novembre au 12 novembre
Ariel -46-

13 novembre au 17 novembre
Asaliah -47-

18 novembre au 22 novembre
Mihaël -48-

23 novembre au 27 novembre
Véhuel -49-

28 novembre au 2 décembre
Daniel -50-

DÉCEMBRE

3 décembre au 7 décembre
HAHASIAH -51-

8 décembre au 12 décembre
IMAMIAH -52-

13 décembre au 16 décembre
NANAEL -53-

17 décembre au 21 décembre
NITHAEL -54-

22 décembre au 26 décembre
MÉBAHIAH -55-

27 décembre au 31 décembre
POYEL -56-

Ange du Plan Émotionnel

Les tables de cette seconde section permettent de connaître le nom de notre Ange de " cœur ", suivant sa période d'action quotidienne. Nommé " *Ange de l'âme* ", il domine le plan émotionnel de notre être.

JANVIER

— ❁ —

1ᵉʳ : Damabiah	17 : Haziel
2 : Manakel	18 : Aladiah
3 : Eyael	19 : Lauvuel
4 : Habuhiah	20 : Hahaiah
5 : Rochel	21 : Iézalel
6 : Jabamiah	22 : Mébahel
7 : Haiayel	23 : Hariel
8 : Mumiah	24 : Hékamiah, Lauviah*
9 : Véhuiah	25 : Caliel
10 : Jéliel	26 : Leuviah
11 : Sitael	27 : Pahaliah
12 : Elémiah	28 : Nelchael
13 : Mahasiah	29 : Yéiayel
14 : Lélahel	30 : Mélahel
15 : Achaiah	31 : Hahéuiah
16 : Cahéthel	

La journée du 24 janvier est gouverné par deux Anges suite à la situation non synchrone des jours et des degrés.

FÉVRIER

1er : Nithhaiah

2 : Haaiah

3 : Yératel

4 : Séhéiah

5 : Réiyel

6 : Omaël

7 : Lecabel

8 : Vasariah

9 : Yéhuiah

10 : Lehahiah

11 : Chavaquiah

12 : Ménadel

13 : Aniel

14 : Haamiah

15 : Réhael

16 : Yéiazel

17 : Hahael

18 : Mikael

19 : Veuliah

20 : Yélahiah

21 : Sehaliah

22 : Ariel

23 : Asaliah

24 : Mihaël

25 : Véhuel

26 : Daniel

27 : Hahasiah

28 : Imamiah

29 : Imamiah

MARS

1er : Nanael

2 : Nithael

3 : Mébahiah

4 : Poyel

5 : Néamiah

6 : Yéialel

7 : Harael

8 : Mitzrael

9 : Umabel

10 : Iahhel

11 : Anauel

12 : Méhiel

13 : Damabiah

14 : Manakel

15 : Eyael

16 : Habuhiah

17 : Rochel

18 : Jabamiah

19 : Haiayel

20 : Mumiah

21 : Véhuiah

22 : Jéliel

23 : Sitael

24 : Elémiah

25 : Mahasiah

26 : Lélahel

27 : Achaiah

28 : Cahéthel

29 : Haziel

30 : Aladiah

31 : Lauvuel

AVRIL

1ᵉʳ : Hahaiah	16 : Yératel
2 : Iézalel	17 : Yératel, Séhéiah*
3 : Mébahel	18 : Séhéiah
4 : Hariel	19 : Réiyel
5 : Hékamiah	20 : Omaël
6 : Lauviah	21 : Lecabel
7 : Caliel	22 : Vasariah
8 : Leuviah	23 : Yéhuiah
9 : Pahaliah	24 : Lehahiah
10 : Nelchael	25 : Chavaquiah
11 : Yéiayel	26 : Ménadel
12 : Mélahel	27 : Aniel
13 : Hahéuiah	28 : Haamiah
14 : Nithhaiah	29 : Réhael
15 : Haaiah	30 : Yéiazel

Le 17 avril : l'Ange correspond à la journée précédente si vous êtes né entre minuit et midi, et à la journée suivante si vous êtes né entre midi et minuit.

MAI

1er : Hahael

2 : Mikael

3 : Veuliah

4 : Yélahiah

5 : Sehaliah

6 : Ariel

7 : Asaliah

8 : Mihaël

9 : Véhuel

10 : Daniel

11 : Hahasiah

12 : Imamiah

13 : Nanael

14 : Nithael

15 : Mébahiah

16 : Poyel

17 : Néamiah

18 : Yéialel

19 : Harael

20 : Harael, Mitzrael*

21 : Mitzrael

22 : Umabel

23 : Iahhel

24 : Anauel

25 : Méhiel

26 : Damabiah

27 : Manakel

28 : Eyael

29 : Habuhiah

30 : Rochel

31 : Jabamiah

Le 20 mai : l'Ange correspond à la journée précédente si vous êtes né entre minuit et midi, et à la journée suivante si vous êtes né entre midi et minuit.

JUIN

❧

1er : Haiayel	16 : Iézalel
2 : Mumiah	17 : Mébahel
3 : Véhuiah	18 : Hariel
4 : Jéliel	19 : Hékamiah
5 : Sitael	20 : Lauviah
6 : Elémiah	21 : Caliel
7 : Mahasiah	22 : Leuviah
8 : Lélahel	23 : Pahaliah
9 : Achaiah	24 : Nelchael
10 : Cahéthel	25 : Yéiayel
11 : Haziel	26 : Mélahel
12 : Aladiah	27 : Hahéuiah
13 : Aladiah, Lauvuel*	28 : Nithhaiah
14 : Lauvuel	29 : Haaiah
15 : Hahaiah	30 : Yératel

* Le 13 juin : l'Ange correspond à la journée précédente si vous êtes né entre minuit et midi, et à la journée suivante si vous êtes né entre midi et minuit.

JUILLET

1er : Séhéiah

2 : Réiyel

3 : Omaël

4 : Lecabel

5 : Lecabel, Vasariah*

6 : Vasariah

7 : Yéhuiah

8 : Lehahiah

9 : Chavaquiah

10 : Ménadel

11 : Aniel

12 : Haamiah

13 : Réhael

14 : Yéiazel

15 : Hahael

16 : Mikael

17 : Veuliah

18 : Yélahiah

19 : Sehaliah

20 : Ariel

21 : Asaliah

22 : Mihaël

23 : Véhuel

24 : Daniel

25 : Hahasiah

26 : Hahasiah, Imamiah*

27 : Imamiah

28 : Nanael

29 : Nithael

30 : Mébahiah

31 : Poyel

Le 5 et 26 juillet : l'Ange correspond à la journée précédente si vous êtes né entre minuit et midi, et à la journée suivante si vous êtes né entre midi et minuit.

AOÛT

1ᵉʳ : Néamiah

2 : Yéialel

3 : Harael

4 : Mitzrael

5 : Umabel

6 : Iahhel

7 : Anauel

8 : Méhiel

9 : Damabiah

10 : Manakel

11 : Eyael

12 : Habuhiah

13 : Rochel

14 : Jabamiah

15 : Haiayel

16 : Mumiah

17 : Véhuiah

18 : Jéliel

19 : Jéliel, Sitael*

20 : Sitael

21 : Elémiah

22 : Mahasiah

23 : Lélahel

24 : Achaiah

25 : Cahéthel

26 : Haziel

27 : Aladiah

28 : Lauvuel

29 : Hahaiah

30 : Iézalel

31 : Mébahel

Le 19 août : l'Ange correspond à la journée précédente si vous êtes né entre minuit et midi, et à la journée suivante si vous êtes né entre midi et minuit.

SEPTEMBRE

1er : Hariel

2 : Hékamiah

3 : Lauviah

4 : Caliel

5 : Leuviah

6 : Pahaliah

7 : Nelchael

8 : Yéiayel

9 : Mélahel

10 : Hahéuiah

11 : Nithhaiah

12 : Haaiah

13 : Yératel

14 : Séhéiah

15 : Réiyel

16 : Omaël

17 : Lecabel

18 : Vasariah

19 : Yéhuiah

20 : Lehahiah

21: Lehahiah, Chavaquiah*

22 : Chavaquiah

23 : Ménadel

24 : Aniel

25 : Haamiah

26 : Réhael

27 : Yéiazel

28 : Hahael

29 : Mikael

30 : Veuliah

* Le 21 septembre : l'Ange correspond à la journée précédente si vous êtes né entre minuit et midi, et à la journée suivante si vous êtes né entre midi et minuit.

OCTOBRE

1er : Yélahiah

2 : Sehaliah

3 : Ariel

4 : Asaliah

5 : Mihaël

6 : Véhuel

7 : Daniel

8 : Hahasiah

9 : Imamiah

10 : Nanael

11 : Nithael

12 : Mébahiah

13 : Poyel

14 : Néamiah

15 : Yéialel

16 : Harael

17 : Mitzrael

18 : Umabel

19 : Iahhel

20 : Anauel

21 : Méhiel

22 : Damabiah

23 : Manakel

24 : Eyael

25 : Habuhiah

26 : Rochel

27 : Jabamiah

28 : Haiayel

29 : Mumiah

30 : Véhuiah

31 : Jéliel

NOVEMBRE

1er : Sitael

2 : Elémiah

3 : Mahasiah

4 : Lélahel

5 : Achaiah

6 : Cahéthel

7 : Haziel

8 : Aladiah

9 : Lauvuel

10 : Hahaiah

11 : Iézalel

12 : Mébahel

13 : Hariel

14 : Hékamiah

15 : Lauviah

16 : Caliel

17 : Leuviah

18 : Pahaliah

19 : Nelchael

20 : Yéiayel

21 : Mélahel

22 : Hahéuiah

23 : Nithhaiah

24 : Haaiah

25 : Yératel

26 : Séhéiah

27 : Réiyel

28 : Omaël

29 : Lecabel

30 : Vasariah

DÉCEMBRE

1ᵉʳ : Yéhuiah

2 : Lehahiah

3 : Chavaquiah

4 : Ménadel

5 : Aniel

6 : Haamiah

7 : Réhael

8 : Yéiazel

9 : Hahael

10 : Mikael

11 : Veuliah

12 : Yélahiah

13 : Sehaliah

14 : Ariel

15 : Asaliah

16 : Mihaël

17 : Véhuel

18 : Daniel

19 : Hahasiah

20 : Imamiah

21 : Nanael

22 : Nithael

23 : Mébahiah

24 : Poyel

25 : Néamiah

26 : Yéialel

27 : Harael, Mitzrael*

28 : Umabel

29 : Iahhel

30 : Anauel

31 : Méhiel

Le 27 décembre : l'Ange Gardien Harael correspond à la plage horaire de minuit à 18 heures, et l'Ange Gardien Mitzrael de 18 heures à minuit.

Ange du Plan Intellectuel

Les tables de cette dernière section permettent de connaître le nom de notre Ange " mental ", suivant l'heure de notre naissance. Nommé " *Ange de l'intellect* ", il domine le plan spirituel, intellectuel ou mental de notre être.

Anges de la nuit
de Minuit à 5h59

※

De 00h00 à 00h19 : Véhuiah

de 00h20 à 00h39 : Jéliel

de 00h40 à 00h59 : Sitael

de 01h00 à 01h19 : Elémiah

de 01h20 à 01h39 : Mahasiah

de 01h40 à 01h59 : Lélahel

de 02h00 à 02h19 : Achaiah

de 02h20 à 02h39 : Cahéthel

de 02h40 à 02h59 : Haziel

de 03h00 à 03h19 : Aladiah

de 03h20 à 03h39 : Lauvuel

de 03h40 à 03h59 : Hahaiah

de 04h00 à 04h19 : Iézalel

de 04h20 à 04h39 : Mébahel

de 04h40 à 04h59 : Hariel

de 05h00 à 05h19 : Hékamiah

de 05h20 à 05h39 : Lauviah

de 05h40 à 05h59 : Caliel

Anges du Matin
de 6h00 à Midi

——— ❦ ———

de 06h00 à 06h19 : Leuviah

de 06h20 à 06h39 : Pahaliah

de 06h40 à 06h59 : Nelchael

de 07h00 à 07h19 : Yéiayel

de 07h20 à 07h39 : Mélahel

de 07h40 à 07h59 : Hahéuiah

de 08h00 à 08h19 : Nithhaiah

de 08h20 à 08h39 : Haaiah

de 08h40 à 08h59 : Yératel

de 09h00 à 09h19 : Séhéiah

de 09h20 à 09h39 : Réiyel

de 09h40 à 09h59 : Omaël

de 10h00 à 10h19: 31 : Lecabel

de 10h20 à 10h39 : Vasariah

de 10h40 à 10h59 : Yéhuiah

de 11h00 à 11h19 : Lehahiah

de 11h20 à 11h39 : Chavaquiah

de 11h40 à 11h59 : Ménadel

ANGES DE L'APRÈS-MIDI
DE MIDI À 17H59

de 12h00 à 12h19 : ANIEL

de 12h20 à 12h39 : HAAMIAH

de 12h40 à 12h59 : RÉHAEL

de 13h00 à 13h19 : YÉIAZEL

de 13h20 à13h39: 41 : HAHAHEL

de 13h40 à 13h59 : MIKAEL

de 14h00 à 14h19 : VEULIAH

de 14h20 à 14h39 : YÉLAHIAH

de 14h40 à 14h59 : SEHALIAH

de 15h00 à 15h19 : ARIEL

de 15h20 à 15h39 : ASALIAH

de 15h40 à 15h59 : MIHAËL

de 16h00 à 16h19 : VÉHUEL

de 16h20 à 16h39 : DANIEL

de 16h40 à 16h59 : HAHASIAH

de 17h00 à 17h19 : IMAMIAH

de 17h20 à 17h39 : NANAEL

de 17h40 à 17h59 : NITHAEL

ANGES DU SOIR
DE 18H00 À MINUIT

de 18h00 à 18h19 : MÉBAHIAH

de 18h20 à 18h39 : POYEL

de 18h40 à 18h59 : NÉAMIAH

de 19h00 à 19h19 : YÉIALEL

de 19h20 à 19h39 : HARAEL

de 19h40 à 19h59 : MITZRAEL

de 20h00 à 20h19 : UMABEL

de 20h20 à 20h39 : IAHHEL

de 20h40 à 20h59 : ANAUEL

de 21h00 à 21h19 : MÉHIEL

de 21h20 à 21h39 : DAMABIAH

de 21h40 à 21h59 : MANAKEL

de 22h00 à 22h19 : EYAEL

de 22h20 à 22h39 : HABUHIAH

de 22h40 à 22h59 : ROCHEL

de 23h00 à 23h19 : JABAMIAH

de 23h20 à 23h39 : HAIAYEL

de 23h40 à 23h59 : MUMIAH

ROYAUME ORIGINEL
SOUVERAINETÉ ÉPHÉMÈRE

Rébellion contre le Créateur

Selon la religion et la tradition, à la création, les Anges furent tous créés par le " Saint des Saints " pour être justes et bons. Ces êtres célestes descendus sur Terre pour surveiller les hommes, il est d'abord fait mention de cinq Archanges, et plus tard de sept Archanges majeurs.

La " *Haute Cour céleste* " des premiers temps était composée de plusieurs Archanges : *Michel, Gabriel, Raphaël, Lucifer* et *Belzébuth* et d'autres Anges. Ces Anges gardiens figuraient en haute place, dans les hiérarchies de l'angélologie.

L'*Apocalypse (8 : 2)* parle plus tard de " *sept Anges qui se tiennent devant le Tout-Puissant* ". Ils se tiennent prêts à son commandement. Ces sept Archanges sont les yeux de l'*Éternel*, ils parcourent tous les cieux, et ils portent ses prompts messages.

Les Anges n'ayant pas besoin de la foi puisqu'ils ont la connaissance de toutes les choses célestes, certains devinrent mauvais dès le commencement, et se retournèrent contre le *Créateur*. Les motifs de la rébellion sont un refus de se prosterner devant l'humanité, et le péché de vouloir s'élever plus haut que le *Créateur*.

Dans les premiers temps, les démons étaient donc des Anges. Leur rébellion contre le *Tout-Puissant* constitue un acte totalement impardonnable. *Lucifer*, qui a voulu s'élever plus haut que le *Tout-Puissant*, son créateur, entraîne avec lui par son péché d'orgueil tous les Anges de la première cour, sauf trois : *Michel*, *Gabriel* et *Raphaël*.

Réprimé par l'Archange *Saint-Michel*, *Lucifer* entraîne aussi dans sa chute, plus d'un tiers des autres Anges. Le nombre intégral des Anges est inconnu, l'Écriture fait mention d'un nombre indéfini. *Daniel (7 : 10)* par exemple, parle de " *mille milliers* " d'Anges, et de dix mille fois dix mille. *Grégoire 1er le Grand*, quant à lui, fait référence à plus " *d'un million d'Anges brillants de lumière* ".

Après la " *Guerre dans les Cieux* ", le *Créateur* condamne donc *Lucifer* avec les Anges rebelles, par bannissement du *Paradis* et à l'exil en *Enfer*. Ils deviennent alors *Lucifer* et ses démons ou ses " Anges déchus".

Par haine envers le *Très-Haut*, des Anges et de l'humanité, *Lucifer* et ses Anges déchus œuvrent alors à entraîner l'humanité vers le Mal, pour l'éloigner du Bien et du *Tout-Puissant*, en initiant les Hommes au " *Péché originel* " et à l'éloignement de l'*Arbre de vie* et de l'immortalité...

Le Royaume Éphémère

Comme suite à leur chute du *" jardin d'Éden "*, le *Créateur* accorde à tous, l'éloignement progressif de l'*Éternel*, la liberté individuelle *(libre arbitre)* de choisir de revenir vers lui.

Le *Tout-Puissant* instaure un royaume " transitoire " avec une nouvelle hiérarchie, et à la fin annoncée par les Anges buccinateurs, le *Créateur*, l'Archange *Michel* et sa milice d'Anges détruiront définitivement *Lucifer* et son *Antéchrist*, les Anges déchus, et le Mal, lors de la *" Guerre des fils de lumière contre les fils des ténèbres "*.

Après la *" Guerre des Anges "*, le *Tout-Puissant* instaurera son nouveau *" Royaume des Cieux "* dans l'Univers, et pour l'éternité.

Adam et Eve chassés du Paradis
Gravure. Julius Schnorr von Carolsfeld. 1794-1872.

Anges permanents et Anges périssables

DES ANGES TEMPORAIRES ?

Les Anges sont des intelligences pures, hiérarchisées en plusieurs degrés ou ordres. Ils appartiendraient aussi à deux classes distinctes ou " espèces " d'Anges. Les " permanents " (éternels) et les " périssables " (temporaires).

———— ❀ ————

L'existence des Anges n'est pas uniquement issue de la religion. Signalée pour la première fois dans des ouvrages anciens, notamment par les philosophes néoplatoniciens ; *Porphyre de Tyr* dit *" Basileus " (234 -310)*, et *Jamblique (245-325)*, dans lesquels, ils rappellent que l'*Univers* apparaît organisé en hiérarchie : les dieux, les archanges, les anges, puis les démons, les héros, les archontes du cosmos ou de la matière *(gouverneurs de planète)*, et enfin les âmes.

Le célèbre rabbin *Moïse Maïmonide (Moshe ben Maïmon, 1138 - 1204)*, figure importante du judaïsme, médecin, philosophe et théologien, explique que les Anges sont classés en deux *" catégories "* suivant qu'ils sont *" permanents "* ou *" périssables "*. Il précise que cette tradition est très ancienne, et qu'elle est la seconde croyance après celle du *Dieu* unique.

Dans la pratique religieuse, la *" vocalisation répétitive "* visant à transformer en nombre les noms divins, il est possible selon la tradition et certaines écoles mystiques ou ésotériques, de " créer " des Anges.

VALEUR NUMÉRIQUE SACRÉE

Les nombres étant définis comme un " *concept sacré* " par les diverses croyances gouvernent le monde des Hommes, dans le même sens que l'esprit humain domine sur la matière.

Ainsi, codifier des noms phonétiques divins par un nombre revient alors, à en extraire l'Esprit ou l'Essence qui s'y rattache. Le nom de Dieu est par exemple composé de 72 lettres selon la tradition kabbalistique. De ce fait, par exemple, le nom divin " *Khaliq* " *(le créateur)* a pour valeur numérique 731.

Le nom de Dieu est tiré du texte mystique le " *Shem amphorash* ", chapitre 14 versets 19, 20 et 21 dont chacun est composé de 72 lettres dans le texte hébraïque originel. Ce serait ce nom inénarrable de Dieu que murmurait jadis le Grand-Prêtre au milieu de la foule.

Ce nom fut remplacé par le tétragramme sacré : YHWH, que les kabbalistes prononcent ainsi : Yod Hé Waw Hé. C'est donc aussi par extraction et transposition des trois versets du " *Shem am-phorash* " que les Kabbalistes tirent les noms des 72 anges ou génies qu'ils appellent le " *nom divin* " ou " *nom divin expliqué* ".

Toujours selon la tradition, il apparaît après un certain temps de " *prière récitatrice* " *(tel un mantra)*, que la vocalisation répétitive permet au surgissement concret d'un Ange, ou de conduire à sa " création ", de l'extraire du néant, de l'extirper du cosmos, ou plus simplement, à le rendre perceptible par l'esprit et les sens humains.

Cette tradition des temps anciens, et selon des écritures sacrées, semble confirmer les propos du rabbin *Moïse Maïmonide* quant à l'existence des " *Anges périssables* " ou qualifiés de " *temporaires* ", et à la possibilité certainement infinie de leur nombre.

Les Anges possèdent donc une " *signature évocatrice* " par la " *prière récitatrice* ". Cette " prière " correspond en réalité à des " *louanges de supplications* " ou " *d'imprécations* ". Ce sont des passages de cantiques, des versets issus du " *Livre des Psaumes* " *(psautier)*, un ouvrage de " l'Ancien Testament ".

De cette manière, les " *Anges permanents* " sont les Anges ou les intelligences éternelles créés par le *Tout-Puissant*. Ce sont les Anges de la *Création*, les esprits qui règnent avec le *Créateur*, par lui et en lui, dans l'immensité de l'Univers et pour l'éternité.

Les " *Anges périssables* ", quant à eux, sont donc ces mêmes Intelligences, ou plutôt leur " *double perceptible* ", des Anges Gardiens pouvant se rendre " visibles " temporairement. Avec leur " *signature évocatrice* ", les Anges peuvent donc être suscités par les Hommes.

Grâce aux enseignements mystiques, nous connaissons la façon de rendre ces intelligences perceptibles par les fonctions psychophysiologiques humaines.

L'origine de l'existence " matérielle " ou physiquement perceptible des Anges est pour ainsi dire, le résultat des actions et du désir spirituel de l'humain, celui de la " volonté " et du *pouvoir créateur du Verbe* ", que le *Très-Haut* nous a attribué au Commencement.

Le monde, comme le mentionne l'évangile de *St-Jean*, a été créé par le *Verbe*, l'Homme, est aussi créateur par sa parole. La parole est une action, elle ne reste jamais sans effet.

ANGE ENTOURANT DIEU.
Psautier manuscrit. Du XIIe siècle.

Anges Correspondants ou Anges Contraires

William'SK

BONS ET MAUVAIS ANGES

Dans le chapitre précédent (connaître les noms de ses anges gardiens), il est démontré que l'être humain est assisté et soutenu dès sa naissance, par trois énergies divines, Intelligences, ou Anges Gardiens.

Selon la *Kabbale*, chaque être humain est donc dirigé par trois Anges. Ces trois Anges Gardiens gouvernent les différents plans subtils qui structurent le fonctionnement de notre corps et de notre esprit.

" *Ange de l'incarnation* ", dominant le plan physique. On aime à se référer, selon la tradition populaire, à cet Intelligence comme " *ange gardien* ".

" *Ange de l'intellect* ", dominant le plan intellectuel ou mental.

" *Ange de l'âme* ", dominant le plan émotionnel.

Les études d'angélologies *(ou angéologie)*, de *Lazare Républicain Lenain* et plus tard celle de *Robert Ambelain*, nous apprennent également qu'il y aurait des " Anges secondaires ". Chacune de ces 72 Intelligences posséderait donc un " double ", ou plutôt un " ange correspondant " ou un " ange contraire ".

C'est chez les Perses que la doctrine de l'ange gardien et du mauvais ange fut d'abord reconnue.

Si l'on se réfère à *Homère (VIIIe siècle av. J.-C.)* et *Virgile (70-19 av. J.-C.)*, il y aurait autant de bons Anges que de mauvais, et ils porteraient parfois le même nom.

> " *Que les bons Anges sont appelés des Dieux, et que les mauvais portent aussi quelques fois le même nom.* "

Ces mauvais Anges seraient ainsi tolérés par Dieu, et avec les bons Anges, Dieu exécuterait son œuvre divine :

> " *Dieu appelle quelquefois les bons Anges à son conseil, et qu'alors même les mauvais s'y ingèrent, Dieu le permettant ainsi.* "

> " *Dieu exécute ses conseils et ses desseins par le ministère des bons et des mauvais Anges.* "

On peut ainsi comprendre que les bons et mauvais Anges, sont des contraires d'une " *Force divine unique* " qui ne peuvent exister l'un sans l'autre, comme : la lumière et les ténèbres, la vérité et le mensonge, la vie et la mort, le positif et le négatif, le bon et le mauvais jumeau, présents dans de nombreuses mythologies.

> " *(…) les bons et les mauvais Anges ne sont pas seulement soumis à Dieu, mais qu'ils sont aussi soumis les uns aux autres ; que les mauvais le sont aux bons, et qu'il y a encore quelque subordination de quelques-uns des bons aux autres, et de quelques-uns des mauvais à d'autres mauvais.* "

Cette dualité représente l'équilibre des contraires, nécessaire pour qu'apparaisse le monde des formes.

Chacun n'existe que par rapport à l'autre, et peut se transformer en son inverse :

> " (…) *ils sont quelque fois opposés les uns aux autres, non seulement les bons aux mauvais, et les mauvais aux bons, ou les mauvais aux mauvais (...), ayant des desseins de part et d'autres fort louables, mais contraires, pendant que Dieu ne leur découvre pas encore sa volonté.* "

La première Intelligence est donc honorée comme étant un Génie " bénéfique ", elle est celle qui nous guide, nous soutient et nous assiste. Cette entité est traduite comme étant l'Ange Gardien *(Ange de l'incarnation)*, tel que décrite dans les différentes traditions et la Kabbale.

> " *Les bons Anges parlent souvent au nom de Dieu, et en prennent le nom et la qualité.* "

La seconde Intelligence, homologue à la première, est interprétée comme étant un " Ange Contraire " ou un " Ange Correspondant ". Sans parler de démon, cette entité-là, est considéré quant à elle comme un " mauvais ange ", celui qui nous fait traverser les épreuves, aussi difficile qu'elles soient, de la vie.

> " (…) *les mauvais Anges trompent quelquefois les hommes. (…) les bons et les mauvais Anges combattent quelque-fois invisiblement, se mêlant dans nos batailles, et les uns et les autres étant absolument dépendants de la volonté et de la suprême puissance de Dieu.* "

Dans la finalité, ces Anges, sont-ils vraiment deux Intelligences différentes ou ne font-elles qu'un ?

NÉOPLATONISME ET KABBALE

En cherchant un peu, on s'aperçoit que les noms de ces " anges contraires " sont en réalité d'anciennes " essences divinisés ", on retrouve plusieurs de leurs noms dans les diverses traditions et cultes grecs, romains, égyptiens... Ces entités apparaissent comme des " anges secondaires ", avec leurs noms qui semblent mélangés à toutes les traditions antérieures, et correspondant aux anges du " *Shem* ".

Philon d'Alexandrie (20-45 av. J.-C.), explique que les Anges bons et mauvais :

> " *sont dans le monde ce que les colonnes sont aux grandes maisons, ils le soutiennent et l'embellissent.* "

Les anges sont mentionnés pour la première fois par la théologie néoplatonicienne, et notamment par *Porphyre de Tyr (vers 260)* et *Jamblique (vers 320).* La hiérarchie est décrite ainsi : dieux, archanges, anges, daïmons *(ou dæmon ; génie ou intelligence),* archontes du cosmos ou de la matière, héros, âmes des morts, âmes humaines.

Socrate s'exprime sur ce sujet. Il se disait inspiré d'un génie particulier, et qui lui suggérait ses résolutions, et surtout ce qu'il ne devait pas faire. Un jour, ce génie lui aurait conseillé de ne pas emprunter un certain chemin. *Socrate* suivit son conseil mais pas ses compagnons. Plus tard, ils arrivèrent recouverts de boue, car leur chemin fût bloqué par un troupeau de porcs.

L'ancienne mythologie des bons et des mauvais génies admet qu'il y a pour chaque Homme, un bon et un mauvais ange, dont l'un l'assiste et l'autre lui nuit depuis sa naissance, et ce jusqu'à sa mort. Aussi, *Saint-Thomas d'Aquin (1224-1274)* en parlant des " miracles ", est persuadé que :

" Dieu peut faire de très grands miracles par le ministère des bons et des mauvais Anges. "

Il ne fait aucune distinction de ces deux sortes de miracles, dont les uns surpassent toutes les forces de la nature et ne peuvent venir que de Dieu, et les autres n'étant pas au-dessus de la nature peuvent venir des bons et des mauvais Anges, par une grâce que Dieu leur accorde.

La plupart des théologiens, kabbalistes et chercheurs en angéologie, croient que chacun de nous a deux Anges ; l'un bon et l'autre mauvais. Le premier nous garde et nous conseille, tandis que l'autre nous observe et nous tend des pièges. Cette opinion a d'ailleurs été suivie par quelques anciens Pères de l'Église.

On ne sait pas précisément si ces bons ou mauvais Anges sont une dualité unifiée, ou s'ils sont deux Intelligences. Mais en suivant le système des anciens Pères, nous savons qu'il y a les bons et les mauvais Anges et qu'ils se distinguent clairement des Démons.

En fin de compte, le mauvais ange comme le bon, ne sont-ils pas deçà delà pour nous donner un coup de main dans notre quête sur terre ?

TABLE DES ANGES CONTRAIRES

Ces génies contraires sont présentés et numérotés suivant le même ordre que les Anges gardiens, entre un et 72. Leurs pouvoirs sont détaillés dans les chapitres suivants.

1. Chontaré		19.	Sotis
2. Asican		20.	Sothis
3. Chontacré		21.	Sith
4. Senacher		22.	Syth
5. Seket		23.	Chumis
6. Asentacer		24.	Thuimis
7. Chous		25.	Charcumis
8. Asicat		26.	Aphruimis
9. Ero		27.	Hépê
10. Viroaso		28.	Sithacer
11. Rombomaré		29.	Phupé
12. Atarph		30.	Phuonisié
13. Théosolk		31.	Tomi
14. Thésogar		32.	Thumis
15. Ouêrè		33.	Ouestucati
16. Verasua		34.	Thopitus
17. Phuor		35.	Aphoso
18. Tersatosoa		36.	Aphut

37.	Souchoë		55.	Smat
38.	Serucuth		56.	Themeso
39.	Ptéchout		57.	Srô
40.	Ater Chinis		58.	Epima
41.	Chantaré		59.	Isrô
42.	Arpien		60.	Homoth
43.	Stochêné		61.	Ptiau
44.	Sentacer		62.	Oroasoer
45.	Sesmê		63.	Aseü
46.	Tépiseuth		64.	Astiro
47.	Siêmé		65.	Ptébiou
48.	Senciner		66.	Tépisatras
49.	Rêuo		67.	Abiou
50.	Eregbuo		68.	Archatapias
51.	Sesmé		69.	Chontaré
52.	Sagen		70.	Thopibui
53.	Chommé		71.	Ptibiou
54.	Chénon		72.	Atembui

Les Archanges Majeurs

Seuls les noms de Michel, Gabriel et Raphaël, sont mentionnés dans la Bible. Pourtant selon la religion et les traditions, il y a d'autres mentions d'archanges.

En Éthiopie, et dans la tradition orthodoxe les archanges sont au nombre de sept. L'hermétisme chrétien en compte entre sept et douze suivant les sources, et la tradition juive en compte bien plus encore... Les noms qui reviennent le plus couramment sont : *Raphaël, Michaël, Gabriel, Uriel, Tsadqiel, Hésédiel...*

Les noms des Archanges majeurs sont issus de la *Kabbale* juive, et de l'hermétisme chrétien auquel sont attachés de multiples correspondances. Certains, sont aussi en relation avec les signes du zodiaque et chacun des chœurs angéliques est régi par un Archange.

Selon les sources, les traditions et autres autorités étudiant le système céleste, les noms des principaux archanges peuvent être différent d'une tradition à une autre. Problème de traduction, d'interprétation, de confusion ou d'amalgame au fil des âges, il est certain que l'étude des anges, est un syncrétisme plutôt complexe, un rassemblement de croyances disparates.

La plus ancienne mention ou référence aux sept Archanges est celle établie par l'un des patriarches bibliques. Père de *Mathusalem* et arrière-grand-père de *Noé*, l'auteur de cette liste n'est autre que *Hénoch*.

Ce patriarche biblique ne doit surtout pas être confondu avec *Hénoch*, le fils de *Caïn*, ni avec *Hénosh*, le fils de *Seth*.

Hénoch fait ainsi mention des sept archanges, dans " *Le Livre d'Hénoch* ", aussi appelé " *Hénoch éthiopien* " ou " *Hénoch I* " :

- Uriel
- Raphaël
- Raguel *(Ruhiel, Ruagel, Ruahel)*
- Michaël
- Zerachiel *(Araqael)*
- Gabriel
- Remiel *(Jeremiel, Jerahmeel)*

Dans le " *Livre hébreu d'Hénoch* " également appelé " *Livre des Palais* " ou tout simplement " *Hénoch III* " les sept Archanges sont décrit ainsi :

- Mikaël
- Gabriel
- Shatqiel
- Baradiel
- Shachaqiel
- Baraqiel *(Baradiel)*
- Sidriel *(ou Pazriel)*

Hugo Odeberg (1898-1973), un exégète et théologien suédois, un des grands connaisseurs de la littérature juive de l'Antiquité, note que : " *chacun des sept archanges est accompagné par 496.000 myriades d'anges de bonté* ".

Dans le " *Testament de Salomon* ", un ancien texte attribué au roi " *Salomon de Jérusalem* ". Il est décrit comment *Salomon* a pu construire son temple au moyen d'un anneau magique que lui avait confié l'Archange *Michael*. Ce texte parle de nombreux archanges dont *Uriel*.

Les gnostiques chrétiens du IIe ou du IIIe siècle, quant à eux, établissent également une liste de ces sept Archanges, que nous pouvons comparer ci-dessous avec la liste des Archanges de Salomon :

Liste de Salomon	Liste des gnostiques chrétiens
• Mikaël	• Mikaël
• Gabriel	• Gabriel
• Uriel	• Raphaël
• Sabrael	• Uriel (= Phanuel)
• Arael	• Barachiel
• Iaoth	• Sealtiel
• Adonael	• Jehudiel

Au VIe siècle, deux autres listes sont établies. La première liste nous vient de " *Pseudo-Denys* ", auteur de traités chrétiens de théologie mystique en Grec. La seconde liste d'Archanges est celle de " *Saint-Grégoire-le-Grand* " *(vers 540-604)*, qui est connu pour avoir été Pape et docteur de l'Église.

Pour comparaison voici les listes :

Liste de Pseudo-Denys	Liste de Grégoire le Grand
• Michaël	• Michaël
• Gabriel	• Gabriel
• Raphaël	• Raphaël
• Uriel	• Uriel
• Chamuel	• Simiel
• Jophiel	• Orifiel
• Zadkiel	• Zachariel

D'autres listes voient le jour et changent suivant les traditions, et les époques. Ainsi, au Ve, VIe et VIIe siècles, et suivant les " *Gueonim* ", anciennes autorités juives *(rabbins)*, les pratiquants de la magie talismanique et autres théologiens ou chercheurs en angélologie, élaborent leur liste d'Archanges :

Liste de la période gaonique	Liste de la magie talismanique
• Michaël	• Zaphkiel
• Gabriel	• Zadkiel
• Raphaël	• Camael
• Aniel	• Raphaël
• Kafziel	• Haniel
• Samael	• Michaël
• Zadkiel	• Gabriel

Il existe de nombreuses variantes dans la structure et dans la traduction du nom des Archanges, qui ne sont que des traductions approximatives qui varient avec le langage et les traditions. Bien que ces listes changent au fil des siècles, des auteurs et des traditions, l'on s'aperçoit néanmoins qu'il y a des noms récurrents.

Suivant la croyance, il est précisé que certains Anges et Archanges peuvent porter ou posséder plusieurs noms. Mais gardons à l'esprit que cette multitude de noms correspondants, ne peuvent être qu'une simple variante, une translittération ou une traduction imprécise.

Par exemple, l'Archange *Jérémiel* est très souvent traduit et identifié *(ou est l'équivalent de ; suivant une autre tradition)* à l'Archange *Uriel*, mais aussi à : *Remiel* ou *Rerniel*, à *Eremiel* ou à *Hierimiel* ou à *Hieremihel*, à *Phanuel* et à *Fanuel* ou *Phänouël*, et aussi aux nom de *Ramiel* ou *Raguel* et ses quantités de variante et translittération telle que : *Oroiael (Uriel), Raguil, Rasuil, Ragouël*, etc.

Dans les pages suivantes, les Archanges sont ordonnés suivant les neuf chœurs angéliques et par rapport aux dix *Sephirot* de la kabbale. Les noms sont issus pour la plupart des autorités précédemment citées :

- **Métatron**, chef des Séraphins.
- **Raziel**, chef des Chérubins.
- **Binaël**, chef des Trônes.
- **Hésédiel**, chef des Dominations.
- **Camaël**, chef des Puissances.
- **Raphaël**, chef des Archanges.
- **Haniel**, chef des Principautés.
- **Mikaël**, chef des Vertus.
- **Gabriel**, chef des Anges.
- **Uriel**, la Lumière du Créateur.

TRIOMPHE DU CHRIST SUR LA COLÈRE
Ange portant le gant, la corde, l'épée et la torche
Gravure. Raphael Custos. 1626-1650.

MÉTATRON

Cet Archange est de la hiérarchie du Premier Degré. Il est le Régent du Chœur angélique des Séraphins, et l'archange de la Sephira : Kéther.

———————— ❀ ————————

Métatron est le plus élevé des Archanges dans la hiérarchie. Il est celui qui porte de multiples noms *(100)* : *Duvdeviyah, Ebed, Emekmiyahu, Estes, Eved, Gale Raziya, Galiel, Geviriyah, Giatiyah, Gippuyel, Hakham...* Il est *" l'assistant du trône "*. Il est *" le mesureur "* du *Créateur*, un officier, qui précède l'armée céleste.

Décrit comme un être au visage éclatant, et portant deux cornes au-dessus du front, il est semblable au feu le plus éclatant. Il est le plus grand Ange et le plus important. *Métatron* est souvent décrit comme un ange ayant connu une vie terrestre *(Hénoch)*, avec son *" frère jumeau inséparable "* *Sandalphon (Élie)*, et que ces derniers opéreraient en coopération tel un binôme.

Il est le *" Prince de la Face "*, cela signifie qu'il se tient face au *Tout-Puissant*, par opposition aux autres Anges qui se tiennent à ses côtés ou derrière lui. Il est aussi le *" grand scribe "* du ciel et du *Très-Haut*, le grand-prêtre du *" Temple céleste "*, responsable des âmes et des Justes.

On l'invoquera en premier lieu avant toute demande d'invocation ou d'exorcisme. C'est lui qui dispense la Lumière divine aux Hommes.

TRIOMPHE DU CHRIST SUR LA GOURMANDISE
Échelle à anges, éponge, lanterne, marteau et pince.
Gravure. Raphael Custos. 1626-1650.

RAZIEL

Cet Archange est de la hiérarchie du Premier Degré. Il est le Régent du Chœur angélique des Chérubins, et l'archange de la Sephira : Hokhma.

———————— ❈ ————————

Raziel se tient près du trône du *Créateur* et, par conséquent, il entend et écrit tout ce qui y est dit et discuté. *Raziel* est la personnification de la *" sagesse divine "*. Ainsi, *Raziel* transmit la Science Sacrée de la *Kabbale*, le *" Sefer Raziel "*, un recueil de textes de pratiques magiques et kabbalistiques, à *Adam*.

Diverses traditions attribuent à *Raziel* divers rôles. Il est par exemple le *" Gardien des Secrets "* et *" l'Ange des Mystères Suprêmes "*. Il garde aussi la dernière porte du Ciel, et est un des grands anges dans la tradition talmudique que *Moïse* rencontra au Ciel, comme le raconte le rabbin *Chimon Ben Lakich (vers 275)*.

Il est décrit comme un être rayonnant, vêtu d'une robe immaculée, et d'une ceinture d'or. Il aurait les cheveux blancs, les yeux flamboyants, et les pieds rayonnants comme de l'airain.

Raziel porte aussi le nom de *Galizur, Jariel, Suriel, Sariel, Ratziel, Akrasiel, Saraqael,* et *Ra'asiel,* et est décrit comme le *" prince du deuxième ciel "*. Il est connu pour être le *" Prince de la Présence "*. Il protège les Anges ministre des créatures vivantes qui soutiennent l'univers.

ARCHANGE ZAPHKIEL - BINAËL
Gravure, planche " Angelorum ".
Crispin de Passe l'Ancien. 16e ou 17e siècles.

BINAËL
(ZAPHKIEL OU TSAPHKIEL)

Cet Archange est de la hiérarchie du Premier Degré. Il est le Régent du Chœur angélique des Trônes, et l'archange de la Sephira : Bina.

———————————— ❀ ————————————

B *inaël*, plus souvent connu sous le nom de *Zaphkiel*, ou de *Zelel*, il est décrit comme un être semblable à de l'airain brillant, et il est vêtu d'une robe de lin blanc.

Selon les traductions, son nom s'écrit de manière différente : *Jafkiel* ou *Japhkiel*, *Tzaphkiel* ou encore *Zafkiel*, mais aussi *Zafchial*, *Zaphchial*, *Zophiel* et *Zaphiel*, et aussi *Tzaphgiel*, *Tzaphq(u)iel*, *Zaphehial*...

Son nom signifie " *la connaissance de Dieu* ". Il est parfois assimilé à l'Ange *Jophiel*, mais celui-ci est certainement un Ange différent, puisque leurs correspondances et symbolismes sont totalement différents.

Il peut aider et soutenir l'Homme, quand il doit prendre des décisions importantes et mettre en mots pour les autres. Si l'Homme n'est pas sûr de ses mots, *Binaël* l'aidera à rendre son message plus clair.

Chaque grand patriarche avait son guide et conseiller angélique particulier, et *Binaël (Zaphkiel)* était celui de *Noé.*

ARCHANGE ZADKIEL - HÉSÉDIEL
Gravure, planche " Angelorum ".
Crispin de Passe l'Ancien. 16e ou 17e siècles.

HÉSÉDIEL
(ZADKIEL)

Cet Archange est de la hiérarchie du Second Degré. Il est le Régent du Chœur angélique des Dominations, et l'archange de la Sephira : Hesed.

Hésédiel ou *Zadkiel* est l'Archange de la liberté, de la mémoire, de la bienveillance, de la miséricorde divine et du pardon. Le nom *Zadkiel* se traduit par la " *Justice de Dieu* " ou " *droiture de Dieu* " et *Hésédiel* veut dire la " *Grâce de Dieu* ".

Il est l'Ange Patron de tous ceux qui pardonnent, et est aussi connu sous le nom de *Sachiel, Zedekiel,* ou encore *Zidekiel, Zadakiel, Tzadkiel* et *Zedekul,* mais aussi *Hoesediel.* Il est un des anges de la bienfaisance. Il apporte le don de prophétie et permet de vaincre ses ennemis.

Hésédiel est répertorié comme un " codirigeant " avec l'Archange *Gabriel. Hésédiel* est associé à " *La Vision de Dieu* " et à la couleur violette. Il accompagne également les malades.

D'après la tradition juive, il aurait empêché *Abraham (Abram)* de tuer son fils sur l'autel. *Zadkiel* est l'un des deux porte-étendards *(avec l'Ange Jophiel)* qui suivent directement la tête de la " *bataille des Anges* " avec l'Archange *Michael.*

ARCHANGE CAMAËL
Gravure, planche " Angelorum ".
Crispin de Passe l'Ancien. 16e ou 17e siècles.

CAMAËL

Cet Archange est de la hiérarchie du Second Degré. Il est le Régent du Chœur angélique des Puissances, et l'archange de la Sephira : Guéburah.

Camaël, également orthographié *Kemuel, Khamael, Camiel,* ou *Camiul* et aussi *Cameel* ou *Camniel* mais aussi *Cancel* et *Chamuel,* il est aussi identifié à *Simiel* ou à *Semibel,* et est l'archange de la force et du courage.

Il est décrit comme un Ange ayant deux paires d'ailes blanches, et serait vêtu d'une robe orange ou safranée, il porterait une épée de feu. Il est assimilé à la *" Rigueur de Dieu "*. Lorsqu'il est invoqué, il apparaîtrait sous la forme d'un léopard tapi sur un rocher.

Camaël est le chef des Anges qui aurait expulsé *Adam* et *Ève* du *" jardin d'Éden "*, en tenant une épée flamboyante. *Camaël* comme *Gabriel,* est l'ange de *Gethsémani* ou *Jardin de Gethsémané* : il donne des forces à *Jésus* en lui assurant la résurrection.

Camaël personnifie la *" justice divine "*. Il serait le souverain et le chef de la guerre, et aurait sous sont autorités plus de 12 000 *" Anges de la destruction "*. Il est l'un des favoris du *Créateur,* un des *" Anges de la Présence "*. Il est invoqué pour retrouver ce que l'on recherche, notamment pour les objets perdus.

TRIOMPHE DU CHRIST SUR L'AVARICE
Ange portant la robe sans couture et les dés.
Gravure. Raphael Custos. 1626-1650.

Raphaël

Cet Archange est de la hiérarchie du Second Degré. Il est le Régent du Chœur angélique des Vertus, et l'archange de la Sephira : Hod.

———————— ❈ ————————

Raphaël est traduit de l'Hébreu qui signifie " *Dieu guéri* " ou " *Dieu qui guérit* ". Son nom s'écrit aussi *Rufael* et il s'appelait à l'origine " *Labbiel* ". Il est l'un des " veilleurs " dans les cieux, il est un guide dans le monde des morts.

Raphaël s'est présenté à *Tobit*, et il en est fait mention ainsi dans le " *livre de Tobit* " :

> " *Moi, je suis Raphaël, l'un des sept anges qui se tiennent devant la gloire du Créateur* "

Raphaël est considéré comme le patron des aveugles, des infirmières et des médecins, des desservants, du mariage et des études. *Raphaël* est envoyé par le *Très-Haut* pour soigner les blessures *(plaies, lésions, cicatrices...).*

Raphaël est aussi le patron des pèlerins, des voyageurs sur terre, sur mer et dans les airs. Il est le dispensateur des dons du *Très-Haut*, l'Ange du Savoir et de la Science, et le gardien de " *l'Arbre de Vie* ".

ARCHANGE HANIEL
Gravure, planche " Angelorum ".
Crispin de Passe l'Ancien. 16e ou 17e siècles.

HANIEL

Cet Archange est de la hiérarchie du Troisième Degré. Il est le Régent du Chœur angélique des Principautés, et l'archange de la Sephira : Nesah.

———————— ❋ ————————

Haniel est l'Ange aux traits androgynes, et est également connu sous le nom d'*Anael*, *Hanael* ou *Aniel (confusion possible)*, mais aussi *Hagiel*, *Hamiel* et encore *Onoel-Ed*. Son nom signifie : " *Joie de Dieu* " ou " *Grâce de Dieu* ". Cet Ange peut être invoqué comme " talisman " contre le Mal.

Le nom *Haniel* dérive certainement de l'hébraïque *hana'ah* , qui signifie " joie ", ou encore " plaisir ". Il symbolise la victoire, et est un des sept Anges de la Création. Il est aussi l'Ange de l'amour.

Haniel est décrit comme un ange possédant une paire d'ailes blanches ou grises, et serait vêtu d'une robe rose, ou vert émeraude. Sa robe serait ornée d'une ceinture de roses blanches, et il porterait une lanterne.

Haniel s'occupe des êtres humains sur le plan sentimental et sexuel. Il est apparenté à l'émeraude et associé à la rose, il est aussi le symbole de la beauté. Neuvième " *Seigneur de l'épée* ", il fait partie des 14 Anges de conjuration.

ARCHANGE MICHEL TRIOMPHANT DU MAL.
Gravures. Hieronymus Wierix (Jérôme Wierix).
Maarten de Vos. 1584

MICKAËL
(MICHEL)

Cet Archange est de la hiérarchie du Troisième Degré. Il est le Régent du Chœur angélique des Archanges, et l'archange de la Sephira : Tiphareth.

───────── ❀ ─────────

Michaël, "Prince de la Présence", et Ange du repentir, est représenté debout, et vêtu d'un habit militaire impérial ou d'une armure, ou d'une tunique longue de couleur blanc et or.

Son nom signifie " *Qui est comme Dieu ?* ". Il est aussi appelé : " *Prince des Archanges* ", " *Archange du Premier Rayon* ", et " *Défenseur de la Foi* ". On le nomme aussi " *Saint Michel Archange* " ou plus simplement " *Saint Michel* ". Comme *Gabriel*, il porte aussi le nom de, " *Taxiarque* " soit " chef de régiment ".

Mickaël posséderait deux paires d'ailes blanches immaculées et déployées. Maîtrisant le dragon sous ses pieds, et tenant un étendard et une épée flamboyante, il représente la puissance de la Lumière sur les Ténèbres.

Grand maître des Cieux après le *Créateur*, il est le chef de la milice céleste. Ange de la mort, il s'occupe aussi de la " *Pesée des âmes* " lors du " *Jour du jugement* ".

ARCHANGE GABRIEL
Gravure, planche " Angelorum ".
Crispin de Passe l'Ancien. 16e ou 17e siècles.

GABRIEL

Cet Archange est de la hiérarchie du Troisième Degré. Il est le Régent du Chœur angélique des Anges, et l'archange de la Sephira : Yessod.

G abriel le " *Prince dirigeant* " et " *Prince de la justice* ", il est assis à la gauche du *Créateur*. *Gabriel* est l'Ange de la vérité, invoqué en tant qu'amulette.

Il est aussi celui que l'on appelle " *l'homme vêtu de lin* ", et serait vêtu de vêtements bleus ou blancs, et portant un lys ou une branche d'arbre du Paradis.

Gabriel est un des deux Anges les plus haut placés, et son nom signifie : " *Œuvre de Dieu* " ou " *Force de Dieu* ", mais aussi " *Homme de Dieu* ".

Ange de l'Annonciation, de la résurrection, de la vengeance et de la miséricorde, il est également " *l'Ange de la guerre* ". *Gabriel* est le chef des gardes du Paradis, et l'Ange de la Lune qui apporte le don d'espoir à l'Homme.

Gabriel est invoqué dans certains rites d'amour, et de conjurations. Il est l'Ange des aspirations et des rêves, celui de la douceur, de la joie, de la paix et de la bienveillance.

ARCHANGE URIEL
Gravure, planche " Angelorum ".
Crispin de Passe l'Ancien. 16e ou 17e siècles.

Uriel

Cet Archange fait partie des archanges de la kabbale hermétique. Avec Michaël, Gabriel et Raphaël, l'Ange Uriel fait partie des quatre points cardinaux du ciel. Il est l'archange de la Sephira : Malkhouth.

U riel est l'un des cinq Anges qui mènent les âmes humaines au Jugement. Il est aussi l'Ange de la chance, celui que l'on invoque pour les jeux d'argent et de hasard.

Connut sous le nom de " *Ou* ", " *Ouriel* ", " *Oribel* ", ou " *Auriel* ", mais aussi " *El Auria* ", " *Zuriel* " et " *Nuriel* ". Il est l'Ange Régent du soleil, et aussi celui des averses et de la grêle.

Uriel est l'Ange du Salut, un des " *Princes de la Face* " et " *Prince de la Présence* ". Il est invoqué comme amulette contre le mauvais œil.

Uriel est aussi un des neuf Anges " *Scribe du Savoir du Très-Haut* ", gardien du trésor des " *Livres Sacrés* ". Il est l'Ange du chant et de la poésie, de la destruction, de la douceur, et de la bienveillance.

Ange des " prophéties ", il aurait apporté sur terre la science de l'alchimie qui est " d'origine divine ".

Anges, Archanges
et Zodiaque

ANGES ET ASTRONOMIE

Les premiers écrits connus concernant les astres remontent à 5 000 ans, sous la forme de tablettes d'argile sur lesquelles ont été consignés tous les relevés des mouvements planétaires observés par des prêtres érudits.

C'est précisément en Mésopotamie, que les anciens astronomes et astrologues chaldéens, attribuèrent la régence d'un Ange gardien *(génie de Dieu)* à chaque degré du cercle zodiacal. Le zodiaque traditionnel est constitué de 12 signes astrologiques divisés en 36 décans et en 72 " sphères ". Un décan couvre environ 10 degrés du zodiaque, et une sphère est composé d'environ cinq degrés, soit à peu près un demi-décan.

Chaque signe du Zodiaque possède ainsi un Archange recteur principal, qui exerce une influence dans tous les domaines de notre vie. Ces Archanges régissent par exemple le plan sentimental, professionnel, familial, financier, ou encore ceux de la santé et de la chance.

Les autres anges sont réparties parmi les 72 sphères d'influences du zodiaque, dont chacun a sa signification particulière et sont gouvernés par l'Archange recteur du zodiaque. Chaque sphère d'influence est donc gouvernée par un Ange gardien tutélaire, couvrant une période d'environ cinq jours zodiacaux. Chaque signe du Zodiaque possède un Archange, qui exerce son autorité sur six Anges subjacents influençant nos vies.

LES 12 ARCHANGES DU ZODIAQUE

BÉLIER

Archange majeur : *Camaël.*
Anges : *Véhuiah, Jéliel, Sitael, Elémiah, Mahasiah, Lélahel.*

Élément : △ Feu.   **Polarité du signe :** Masculin.
Astres : ♂ Mars et ♀ Pluton.

Camaël et ses six Anges, accordent aux natifs du Bélier et à ceux qui les invoquent, une énergie intense et exaltée. Ils favorisent les désirs de transformation complète de l'être.

TAUREAU

Archange majeur : *Haniel (Hagiel).*
Anges : *Achaiah, Cahéthel, Haziel, Aladiah, Lauvuel, Hahaiah.*

Élément : ▽ Terre.   **Polarité du signe :** Féminin.
Astres : ♀ Vénus et ☽ Lune.

Haniel et ses six Anges, font en sorte que les natifs du Taureau, soit des personnes sérieuses et digne de confiance. Ils accordent crédibilité et richesse matérielle par invocation.

GÉMEAUX

Archange majeur : *Raphaël.*
Anges : *Iézalel, Mébahel, Hariel, Hékamiah, Lauviah, Caliel.*

Élément : △ Air.   **Polarité du signe :** Masculin.
Astre : ☿ Mercure.

Raphaël et ses six Anges, protègent les natifs du Gémeaux qui s'occupent de transmettre des informations au monde. Ils favorisent les messages clairs, afin de mieux se faire entendre.

CANCER

Archange majeur : *Gabriel.*
Anges : *Leuviah, Pahaliah, Nelchael, Yéiayel, Mélahel, Hahéuiah.*

Élément : ▽ Eau.   **Polarité du signe :** Féminin.
Astres : ☽ Lune et ♃ Jupiter.

Gabriel et ses six Anges, suscitent chez les natif du Cancer, l'amour pour la famille, ou le foyer. Ils permettent d'aimer fidèlement, avec joie et bonheur.

Connaître ses Anges Gardiens

LION

Archange majeur : *Michaël.*
Anges : *Haaiah, Nithhaiah, Yératel, Séhéiah, Réiyel, Omaël.*

Élément : △ Feu.   **Polarité du signe :** Masculin.
Astre : ☉ Soleil.

Michaël et ses six Anges, sont considérés comme des puissances solaires. Ils font ressentir chez les natifs du Lion, l'intense désir du pouvoir avec beaucoup de fierté et d'amabilité.

VIERGE

Archange majeur : *Raphaël.*
Anges : *Lecabel, Vasariah, Yéhuiah, Lehahiah, Chavaquiah, Ménadel.*

Élément : ▽ Terre.   **Polarité du signe :** Féminin.
Astre : ☿ Mercure.

Raphaël et ses six Anges, font en sorte que les natifs de la Vierge soient serviable et soigneux dans leurs actes. Ils poussent à être travailleurs et économes.

BALANCE

Archange majeur : *Haniel (Hagiel).*
Anges : *Aniel, Haamiah, Réhael, Yéiazel, Hahael, Mikael.*

Élément : △ Air.   **Polarité du signe :** Masculin.
Astres : ♀ Vénus.

Haniel et ses six Anges, font des natifs de la Balance des êtres équilibrés, charmants et agréables. Ils favorisent la recherche de l'harmonie universelle pour soi et pour les autres.

SCORPION

Archange majeur : *Camaël.*
Anges : *Veuliah, Yélahiah, Sehaliah, Ariel, Asaliah, Mihaël.*

Éléments : ▽ Eau et △ feu.   **Polarité du signe :** Féminin.
Astres : ♂ Mars et ♇ Pluton.

Camaël et ses six Anges animent l'esprit des natifs du Scorpion. Ils les font ainsi réfléchir sur des sujets profonds, tel que la vie et la mort, la sexualité, les sentiments, la psychologie etc... Ils permettent d'accéder à une vie riche, mais plutôt difficile.

SAGITTAIRE

Archange majeur : *Hésédiel (Tzadkiel).*
Anges : *Véhuel, Daniel, Hahasiah, Imamiah, Nanael, Nithael.*

Élément : △ Feu.   **Polarité du signe :** Masculin.
Astre : ♃ Jupiter.

Hésédiel et ses six Anges, accordent aux natifs du Sagittaire, la capacité de tout réaliser et de mener à bien toute entreprise, surtout si les actions concerne la nature. Ils sont source de richesse et de savoir.

CAPRICORNE

Archange majeur : *Binaël (Zophiel).*
Anges : *Mébahiah, Poyel, Néamiah, Yéialel, Harael, Mitzrael.*

Élément : ▽ Terre.   **Polarité du signe :** Féminin.
Astre : ♄ Saturne et ♂ Mars.

Binaël et ses Anges, accordent aux natifs du Capricorne la santé mentale et la fécondité. Ils accordent à peu près tout ce que l'on demande. Ils permettent la réalisation d'une vie paisible et aisée.

VERSEAU

Archange majeur : *Uriel.*

Anges : *Umabel, Iahhel, Anauel, Méhiel, Damabiah, Manakel.*

Élément : △ Air.   **Polarité du signe :** Masculin.

Astres : ♄ Saturne et ♅ Uranus.

Uriel et ses Anges, font que les natifs du Verseau s'intéressent à la nature. Ils font en sorte que ces personnes soient humaine et idéaliste, ouverte d'esprit à toutes les idées, aux inventions et nouvelles découvertes.

POISSONS

Archange majeur : *Hésédiel (Tzadkiel).*

Anges : *Eyael, Habuhiah, Rochel, Jabamiah, Haiayel, Mumiah.*

Élément : ▽ Eau.   **Polarité du signe :** Féminin.

Astres : ♆ Neptune et ♃ Jupiter.

Hésédiel et ses Anges, font que les natifs du poissons soient des êtres suprasensibles, émotifs, serviables, aimables et gentils. Ils leurs permettent de faire des rêves éveillés en relation avec la réalité du monde. Ils influencent les actions quotidiennes vers la réussite de l'œuvre divine.

Hiérarchies Céleste des Anges Gardiens

PREMIÈRE HIÉRARCHIE
" HIÉRARCHIE DU PREMIER DEGRÉ "

La première triade dominante dite aussi " *souveraine* " est formée d'Anges gardiens qui ont le privilège de soutenir et de servir l'*Éternel*, de l'approcher et de le contempler.

Ces trois chœurs incarnent les trois dimensions spirituelles, immanentes et transcendantes, suivant lesquelles se manifeste le " *Saint des Saints* " pour l'Homme : l'amour pour les " *Séraphins* ", la raison pour les " *Chérubins* ", et la justice pour les " *Trônes* ".

SÉRAPHIN - CHÉRUBIN.
" Patrologiae Cursus Completus, Series Latina. "
Jacques Paul Migne. Vol. 210. Col. 267. 1862 - 1865

PREMIER CHŒUR

※

HAYOTH HA QODESH
- LES SÉRAPHINS -

Leur nom signifie *" Les Brûlants "*. Ils sont décrits comme ayant trois paires d'ailes. Cette Hiérarchie est en relation directe avec le *Tout-Puissant*. Ces Anges ont en charge le *" Feu Divin "*. Ils sont les gardiens qui entourent et protègent le trône du *Créateur*. Chacun des Anges de ce Chœur est en relation avec l'un des sept péchés capitaux. *" Êtres de Sainteté "*, leur rôle est de préserver la vitalité de la création en laissant circuler le *" Souffle Divin "*.

La puissance des *Séraphins* est inimaginable pour un esprit humain. S'ils sont de feu, c'est que leur être tout entier est consumé en permanence par l'amour et la Lumière du *Très-Haut*. Aucune créature, spirituelle ou matérielle, ne peut voir le *Créateur* face à face sans être détruit. Les Séraphins se couvriraient de leurs ailes, car l'énergie pure de Dieu les détruirait instantanément.

ARCHANGE RECTEUR
- Métatron -

1. Véhuiah

2. Jéliel

3. Sitael

4. Elémiah

5. Mahasiah

6. Lélahel

7. Achaiah

8. Cahéthel

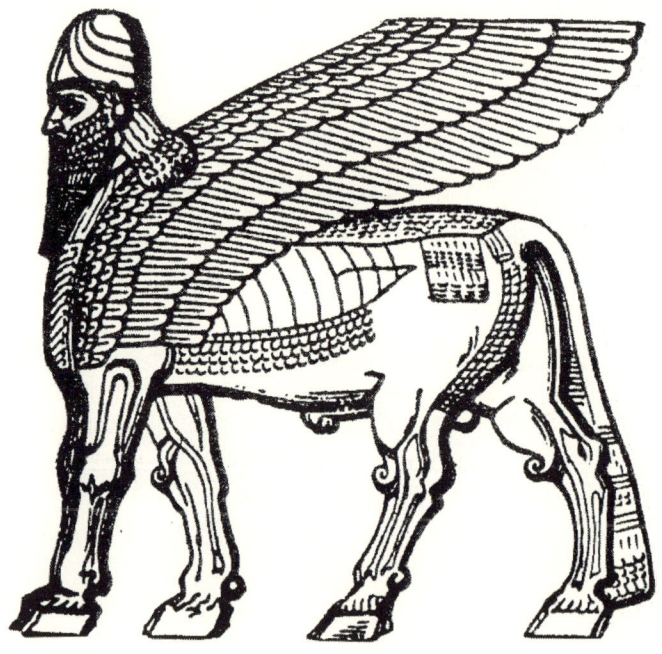

CHÉRUBIN

Selon l'interprétation des Anges : "créatures de sainteté"
Illustration proches des chimères étrusques

DEUXIÈME CHŒUR

OPHANIM
- LES CHÉRUBINS -

L a figure représentative originelle de ces Anges est une " *Créature de Sainteté* ". Physiquement leurs traits sont un mélange de lion ou de taureau, d'oiseau et d'Homme. Grâce à l'imagerie chrétienne du Moyen Âge, ils sont aujourd'hui représentés par un angelot. Cette hiérarchie a pour fonction de transmettre aux Hommes l'Amour et la Sagesse divine.

Ce sont les gardiens de la " *Lumière Sainte* " les " *Roues* " qui tournent. En hébreu " *ophanim* " signifie " *tourner* " ou " *roue* " *(roue de chariot et/ou roue de la vision d'Ézéchiel)*. Ils participent à la destinée des Hommes en élaborant un milieu favorable à l'accomplissement de la vie de chacun. Ils empêchent l'accès à l'arbre : " *Dieu posta à l'Est du Jardin d'Éden les chérubins qui agitent une épée flamboyante pour garder le chemin de l'arbre de vie* ".

ARCHANGE RECTEUR
- Raziel -

9. Haziel	13. Iézalel
10. Aladiah	14. Mébahel
11. Lauvuel	15. Hariel
12. Hahaiah	16. Hékamiah

TRÔNES – TÉTRAMORPHE
Illustration mosaïque. Monastère de Vatopedi.

TROISIÈME CHŒUR

---- ❀ ----

ARALIM
- LES TRÔNES -

Ce chœur a pour fonction de transmettre la compréhension des épreuves de la vie. Ce sont ces Anges qui accompagnent les âmes, en les aidant à planifier les épreuves qui leur permettront de s'acquitter de leurs fautes. Non pas pour nous sanctionner, mais pour nous enseigner en nous aidant à nous affranchir peu à peu des péchés.

Ce sont des Anges condisciples, gardien de notre monde. Ils sont les garants de l'action juste du *Tout-Puissant*, et ils structurent le monde matériel. On leur donne traditionnellement un aspect de sévérité et de dureté la plus extrême. Justes, droits et rigoureux, ils inspirent les représentants de l'ordre sur Terre.

ARCHANGE RECTEUR
- Binaël *(Tsaphkiel)* -

17. Lauviah	21. Nelchael
18. Caliel	22. Yéiayel
19. Leuviah	23. Mélahel
20. Pahaliah	24. Hahéuiah

DEUXIÈME HIÉRARCHIE
" HIÉRARCHIE DU SECOND DEGRÉ "

La triade intermédiaire dite " honorable " a pour charge de préparer le passage vers la lumière divine. Elle est formée des *" Puissances "*, des *" Vertus "* et des *" Dominations "*. Ces trois chœurs correspondent aux aides que le *Créateur* procure aux Hommes pour son ascension spirituelle.

Les *Dominations* déterminent les œuvres qu'il faut accomplir. Les *Vertus* donnent la faculté nécessaire pour pouvoir agir, et les *Puissances* règlent de quelle manière les directives données pourront être accomplies.

ANGE JOUANT DE DEUX TROMPETTES
" Les quatre saisons. Tapisseries du Roy "
Gravure. Sébastien Leclerc. 1637 - 1714

PREMIER CHŒUR

——— ❀ ———

HASHMALIM
- LES DOMINATIONS -

C'e chœur gouverne les actions de toutes les hiérarchies angéliques inférieures. Ce sont les exécutants du *Très-Haut* et ceux qui donnent les ordres. L'hébreu " *Hashmalim* " est généralement traduit par " *les Étincelants* " ou " *les Dominations* ", Ces Anges œuvrent à l'unification des mondes matériels et spirituels. Ils nous aident à ouvrir notre cœur, afin de nous édifier vers la Grâce divine.

Liés à notre monde, ces Anges délivrent les vertus et les bienfaits qui proviennent du *Créateur*, dispensent les grâces, les bénédictions et les dons. Ils transmettent à l'Homme la confiance en soi et en la vie, répandent l'optimisme et la joie. Ils sont spécialisés dans la lutte contre les addictions, l'esclavage et tout ce qui enchaîne l'âme et le corps des Hommes.

ARCHANGE RECTEUR
- Hésédiel *(Zadkiel)* -

25. Nithhaiah	29. Reiyel
26. Haaiah	30. Omaël
27. Yératel	31. Lecabel
28. Séhéiah	32. Vasariah

LE SYMBOLE DE SAINT MATTHIEU
Gravure. Martin Schongauer. 15e siècle.

DEUXIÈME CHŒUR

──────── ✻ ────────

SERAFIM
- LES PUISSANCES -

Les Anges de ce chœur aident les Hommes à gouverner leur vie. Ils nous aident à trouver le courage dans les épreuves rencontrées. Administrateurs des naissances et de la mort, ils agissent comme une barrière, protégeant *" les justes et les bons contre les attaques des légions de l'Ennemi "*.

Garants des *" Lois Divines "* et de la justice humaine, ils sont les détenteurs des connaissances de toute l'humanité, les sentinelles de notre histoire universelle. Associés à la prière et aux louanges, ils transmettent les supplications au *Créateur*. Sans leur action l'Homme perdrait la raison, s'engloutissant dans l'angoisse de la mort, qui se situe inéluctablement au terme de sa vie terrestre.

ARCHANGE RECTEUR
- Camaël -

33. Yéhuiah	37. Aniel
34. Léhahiah	38. Haamiah
35. Chavaquiah	39. Réhael
36. Ménadel	40. Yéiazel

Archange Michaël
Gravure, planche " Angelorum ".
Crispin de Passe l'Ancien. 16e ou 17e siècles.

TROISIÈME CHŒUR

— ❀ —

MALAKIM
- LES VERTUS -

Les *Vertus* ou les *" Rois "* sont décrits comme une *" force héroïque et inébranlable "*. Représentés avec un livre ou un manuscrit à la main, ils transmettent aux Hommes la volonté permettant de découvrir leur véritable identité intérieure, de la développer et de la préserver. Ils inspirent la force intérieure et le courage inflexible, qui consiste à affronter l'adversité avec un esprit solide, un courage invincible, et une humilité sans limite.

" Messagers " ou *" Rois "* des cieux, ils placent la puissance de *Dieu* sur terre afin de concrétiser ses miracles. Travaillant avec les *" Puissances "*, ils exécutent les lois de l'univers. Ils sont également capables de diffuser massivement l'énergie céleste. Ils harmonisent les désirs et les ambitions humaines, et équilibrent les besoins spirituels dans l'action et les desseins du *Créateur* aimant, toujours présent à nos côtés.

ARCHANGE RECTEUR
- Raphaël -

41. Hahahel	45. Sehaliah
42. Mikaël	46. Ariel
43. Véuliah	47. Asaliah
44. Yélahiah	48. Mihaël

TROISIÈME HIÉRARCHIE
" HIÉRARCHIE DU TROISIÈME DEGRÉ "

La dernière triade dite " péremptoire " représente le *Tout-Puissant* dans son action. Ce chœur échappe à la raison humaine, seule la sainteté permet de percevoir ces Anges. Elle est formée des " *Principautés* ", des " *Archanges* " et des " *Anges* ".

Les *Principautés* dirigent et éclairent les *Anges* et *Archanges*. Leur mission consiste à faire régner l'ordre sur Terre par intervention céleste. Les *Archanges* sont les messagers du *Créateur* auprès des Hommes, ils sont aussi les dirigeants des *Anges*. Les *Anges*, quant à eux, sont envoyés du ciel pour annoncer des messages aux Hommes.

ANGE DE L'ANNONCIATION
Tenant un sceptre à la main.
XIIe siècle. Musée de Toulouse.

PREMIER CHŒUR

— ❀ —

ELOHIM-MALKHI
- LES PRINCIPAUTÉS -

Êtres unificateurs, ces Anges sont les défenseurs de toutes les grandes communautés, telles que les villes et les nations. Chaque communauté a son protecteur qui veille à son développement spirituel et à son inscription dans l'Œuvre salvatrice du *Très-Haut*. Ce Chœur angélique a la fonction d'éveiller l'Amour, et d'inspirer l'Homme à créer des liens sentimentaux, dans le respect et la confiance mutuelle.

Ces Anges inspirent de nous ouvrir à la beauté de toute chose. Ils aident à percevoir l'esthétisme du monde, et incitent à la sympathie avec tout individu. Ils veillent à ce que le Plan du " *Salut des hommes* " se déroule de la meilleure manière qu'il soit. Ils sont aussi les Messagers du *Très-Puissant*.

ARCHANGE RECTEUR
- Haniel -

49. Véhuel

50. Daniel

51. Hahasiah

52. Imamiah

53. Nanael

54. Nithael

55. Mébahiah

56. Poyel

ARCHANGE MICHEL.
Vainquant Satan.

DEUXIÈME CHŒUR

BENI ELOHIM
- LES ARCHANGES -

Les *Archanges* sont les chefs de l'armée célestes. Leur nom signifie " commandement ". Ils veillent à ce que ce qui soit en bas soit comme en haut. Ils adaptent les *Lois Divines* au monde humain. Ils reçoivent leurs instructions des ordres précédents. Ce sont eux qui, par leur influence, renforcent la foi des croyants sincères, et les protègent du doute et du fanatisme.

Les *Archanges* sont traduit par " *les Fils d'Elohim* " ou " *les alchimistes*", mais aussi " *les guérisseurs* ". Ils participent au processus de " *réincarnation* ". Les *Archanges* ont pour fonction d'agir sur l'état d'esprit de l'être humain. Ils amènent la connaissance, et éveillent l'intellect de l'humain. De par leur fonction, ils dévoilent aussi et expliquent les prophéties, les songes divins et les illuminations.

ARCHANGE RECTEUR
- Mikaël -

57. Nemamiah	61. Umabel
58. Yéialel	62. Iahhel
59. Harael	63. Anauel
60. Mitzrael	64. Méhiel

ARCHANGE GABRIEL.
Annonciation à Sainte Marie

TROISIÈME CHŒUR

KEROUBĪM
- LES ANGES -

L es *Anges* ou " *les forts* " représentent le chœur le plus proche de l'Homme. Aucune Église ne met en doute leur existence qui est attestée depuis les premiers temps de la Révélation. Ces êtres collaborent avec le chœur des *Trônes*. Leur ministère est de guider l'être humain dans toutes les périodes importantes de sa vie. Ils sont les gardiens des archives du *Créateur*. On les représente avec une multitude d'yeux symbolisant leur haut savoir.

Ils seraient représentés sur l'*Arche d'Alliance*. Les *Anges* contribuent et nous dirigent dans nos états de conscience, et notre vie intérieure. Ils aident à voir la vie positivement. Les *Anges* protègent le destin de l'Homme, ils sont les plus habiles à agir sur le plan matériel. " *La présence invisible de ces esprits nous est une grande aide, et d'un grand réconfort : ils marchent à nos côtés, nous protègent en toute circonstance.* " dira le pape *Benoît XVI*.

ARCHANGE RECTEUR
- Gabriel -

65. Damabiah

66. Manakel

67. Eyael

68. Habuhiah

69. Rochel

70. Jabamiah

71. Haiayel

72. Mumiah

ARBRE DE VIE
SYMBOLIQUE HERMÉTIQUE
DES SEPHIROTH

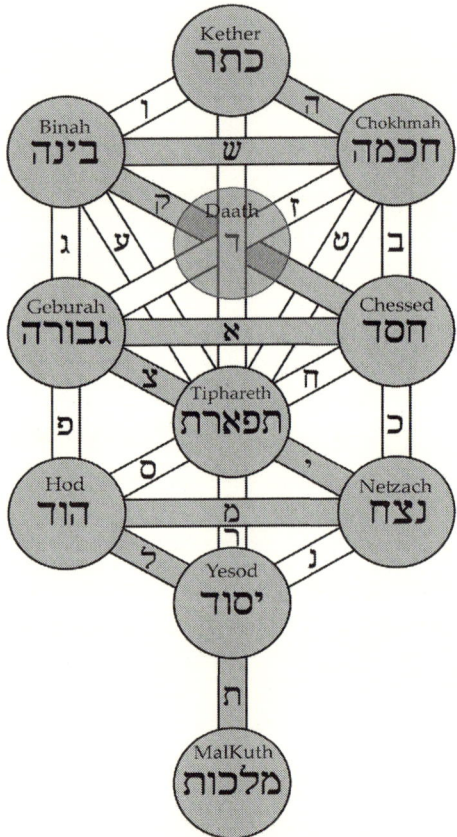

ARBRE DE VIE

Arbre kabbalistique des dix Sephiroth
et les 22 chemins en hébreu

QU'EST-CE QUE LES SEPHIROTH ?

Selon la tradition sur laquelle on se base, les Sephiroth sont perçues comme des " attributs divins ", des " forces mystiques ", des schèmes ou des niveaux de conscience, etc.

Les " *Sephiroth* " sont des " *puissances créatrices* ", des " éléments " ou des " sphères " qui agissent sur l'Homme, et dans l'univers à tous les niveaux.

Ces " *puissances divines* " expriment dans la " *création du monde fini* " le Pouvoir Suprême de l'*Infini*. Chaque " *Sephira* " est l'émanation d'une énergie du *Créateur*. Cette façon de décrire les *Sephiroth* se retrouve dans beaucoup d'ouvrages kabbalistiques. Les traités de *Kabbale* présentent souvent les *Sephiroth* sous la forme d'un *Arbre de Vie*. L'*Arbre de Vie* représente symboliquement, les " *lois de l'Univers* ". Beaucoup d'auteurs le comparent à l'arbre de la vie de la *Genèse*.

Le schéma de l'*Arbre de Vie* est composé de : quatre " mondes ", dix *Sephiroth* ou " puissances " ou " sphères ", trois voiles d'existence négative non manifestée, trois piliers et vingt-deux sentiers, dont l'ensemble forme les " *32 voies de la Sagesse* ". Ces 32 voies correspondent aux dix *Sephiroth* et aux vingt-deux sentiers mentionnés dans la *Kabbale*.

Les dix *Sephiroth* sont nommées : *Kether, Chokhmah, Binah, Chesed, Gueburah, Tiphareth, Netzach, Hod, Yesod, Malkhuth*, et *Daath (la Séphira cachée)*.

TABLES DES DIX SEPHIROT

Les tables de ce chapitre exposent succinctement la symbolique des *Sephiroth* dans la tradition hermétique, qui diffère de la tradition juive.

KETHER

---- ❊ ----

- La Couronne -

*K*ether, est interprété comme le " *Diadème Royal* " ou
la " *Couronne* " ; Il symbolise le " *Centre de la
Volonté Créatrice* ", l'inspiration de l'Univers. Elle est la
première *Sephira*, là où commence l'Arbre qui n'a pas de
commencement.

Cette sphère incarne l'étincelle divine elle-même. Cette
" incarnation " est dénuée de forme, même d'état
d'esprit, et qui ne peut être compris, d'après la tradition,
qu'en faisant Un avec elle. Dans les traditions et
religions, elle représente *Dieu*, le *Créateur*, le *Tout-
Puissant*, le *Très-Haut*. Elle est nommée " *Couronne* " car
elle confère tout pouvoir à l'Homme, posée au-dessus de
lui.

SYMBOLIQUE HERMÉTIQUE

Nom de Dieu : Eheieh.

Archange : Métatron.

Ordre Angélique : Hayoth ha qodesh.

Signification : La Couronne.

Symbole : l'Unité, l'Union avec Dieu.

Vertu : Le succès.

Vice : Aucun.

Couleur : Le blanc pur.

Nombre : 1.

Représentation : Un homme au visage lumineux comme le
soleil sur un trône.

HOKHMA

- SAGESSE -

La sphère " *Chokhmah* " ou " *Hokhma* " est interprétée comme la " prudence " et la " sagesse ". Elle est la " *source de l'Énergie Cosmique* ", dégageant un Amour pur et une Sagesse sans fin.

Cette seconde *Sephira* est une effusion déferlante dans laquelle tout existe, et de manière indifférenciée. C'est une sphère en perpétuel mouvement. *Hokhma* représente la vivacité, le " *concept-père* " qui englobe potentiellement tous les autres. Elle est le principe masculin, la Sagesse dans le sens où cette sphère incarne l'état ultime avant la fusion totale avec la conscience cosmique *(le Créateur)*.

SYMBOLIQUE HERMÉTIQUE

Nom de Dieu : Iah.

Archange : Raziel *(ou Jophiël)*.

Ordre Angélique : Ophanim.

Signification : La Sagesse.

Symbole : L'harmonie, la musique, la Vision de Dieu.

Vertu : Le bien.

Vice : Le mal.

Couleur : Argenté, gris-blanc.

Nombre : 2.

Représentation : Un homme barbu.

BINA

---- ❀ ----

- COMPRÉHENSION -

La sphère *Bina* ou *Binah*, est interprétée comme une puissance de construction ou de formation. Elle est le " *Centre de Cristallisation et de la Forme* ", et possède une polarité féminine. Cette sphère est le " *Féminin de L'Univers* ".

Cette *Sephira* est donc associée au principe féminin. Elle est la " Mère " dans toute son ambiguïté : celle qui donne la vie, mais aussi celle qui donne la mort. *Binah* est la " *Compréhension* " divine, elle permet de comprendre les choses qui nous sont étrangères, elle permet d'accéder à la synthèse, à l'union avec le divin.

SYMBOLIQUE HERMÉTIQUE

Nom de Dieu : Y.H.V.H.

Archange : Binaël *(Tsaphkiel)*.

Ordre Angélique : Aralim.

Signification : La Compréhension.

Symbole : L'intelligence, la Peine.

Vertu : La stabilité.

Vice : L'inertie.

Couleur : Le noir.

Nombre : 3.

Représentation : Trois vieillards sur des trônes.

Daath

— ❀ —

- Connaissance -

*D*aath ou *Da'at*, est considérée comme une " *Sephira cachée* ". Elle est interprétée comme étant la " *Grande Bibliothèque Cosmique* " contenant toute la mémoire de l'Univers. *Daath* n'est pas toujours indiquée dans les représentations des *Sephiroth*, et est souvent considérée de manière confuse, comme une " sphère vide " ou une " puissance neutre ".

Dans *Daath*, toutes les *Sephiroth*, dans leur état perfectionné de partage, rayonnent infiniment en lumière divine. Il n'est ainsi plus possible de distinguer une *Sephira* d'une autre, puisqu'elles ne sont qu'Un. Concrètement, la " *Lumière Divine* " brille infiniment, et tous les Hommes ne peuvent pas la percevoir.

Associée aux pouvoirs de la mémoire et de la concentration, pouvoirs qui reposent sur la " reconnaissance " et la " sensibilité ", *Daath* n'est pas une *Sephira*, mais plutôt l'union des dix *Sephiroth* en une seule. Elle est parfois considérée comme une *Sephira* à la place de *Kether*, représentant le " *reflet de la dimension intérieure de l'infini* ", qui correspond à l'image de Dieu.

Symbolique hermétique

Cette Sephira ne peut être invoquée directement.

Signification : Connaissance.

Symbole : L'unification.

Représentation : Le reflet *(un miroir ?)*.

HESSED

──── ✣ ────

- MISÉRICORDE -

*C*hesed ou *Hessed*, est interprétée comme étant le " *Centre de l'organisation et de la concrétisation de l'Abondance, du Pouvoir et de l'Autonomie* ".

Cette quatrième *Sephira* est associée à " *l'intelligence cohésive* " et est considérée comme étant le " *réceptacle de tous les pouvoirs* ". Alimentée par la sphère *Bina*, par union, elles s'assurent de leur pérennité. *Hessed* symbolise à la fois la " cohésion " et la " multiplicité ". C'est une sphère associée aux principes d'ordre, à la synthèse et l'assimilation.

SYMBOLIQUE HERMÉTIQUE

Nom de Dieu : El.

Archange : Hésédiel *(Zadkiel)*.

Ordre Angélique : Hashmalim.

Signification : La Miséricorde.

Symbole : L'autorité, l'Amour.

Vertu : L'humilité, l'obéissance.

Vice : La tyrannie, la dévotion excessive et l'insatiabilité.

Couleur : Le bleu.

Nombre : 4.

Représentation : Un roi très puissant.

GUEBURAH

---- ❀ ----

- FORCE -

*G*ueburah ou *Geburah* est interprétée comme étant la " *Demeure du médecin céleste* " qui agit pour que les " *Lois Divines* " soient respectées. Il s'agit du " *Centre Masculin de l'Univers* ". *Gueburah* est la sphère de la " *Justice sévère* ". Cette *Sephira* est perçue comme une balance qui permettra de trancher et de rendre un jugement final.

La cinquième *Sephira* est associée à l'intelligence discriminante régissant " *l'Ordre* " et le " *Chaos* " en allant à l'encontre du processus d'*Hessed*. Elle est souvent associée au *Mal* et à *Satan*. Pourtant, ceci ne signifie pas que *Gueburah* est une " sphère maléfique ". *Ordre* et *Chaos* sont deux principes dynamiques et agissant indispensablement ensemble, à l'équilibre et au parfait fonctionnement du monde.

SYMBOLIQUE HERMÉTIQUE

Nom de Dieu : Elohim Gibor.

Archange : Camaël.

Ordre Angélique : Serafim.

Signification : La Force.

Symbole : Le pouvoir, la Puissance.

Vertu : Le courage.

Vice : La cruauté.

Couleur : Le rouge.

Nombre : 5.

Représentation : Un guerrier invulnérable.

TIPHARETH

- BEAUTÉ -

*T*iphareth ou *Tiph'ereth* est le lien entre les " *Mondes de l'Esprit* " et le monde matériel, cette sphère établit la conscience en l'âme de l'Homme.

Cette sixième *Sephira* est une intelligence médiatrice, elle est l'union des puissances. Elle est beauté, harmonie des formes et des idées. Cette sphère est un point d'équilibre mais aussi un croisement, où la transformation des énergies est possible.

Le soleil, qui se consume en permanence pour briller, est très souvent le symbole utilisé pour représenter la sphère de *Tiphareth*.

SYMBOLIQUE HERMÉTIQUE

Nom de Dieu : Aloah ve Daath.

Archange : Mikaël.

Ordre Angélique : Beni Elohim.

Signification : La Beauté.

Symbole : L'Harmonie

Vertu : La dévotion au Grand Œuvre.

Vice : La fierté, l'arrogance, le narcissisme.

Couleur : L'Or.

Nombre : 6.

Représentation : Un enfant, ou un Dieu sacrifié.

Nesah

— ❀ —

– Victoire –

*N*etzach ou *Nesah* est interprétée comme étant la sphère " *de la Beauté qui inspire* ", le " *Centre de la Matérialisation* " et de l'Amour. Sphère de l'élan mystique, de la confiance et de l'enthousiasme, elle est la sphère des émotions, des sentiments et des " *tentatives de compréhension immédiate* ".

La septième *Sephira* est associée à " l'intelligence occulte ", elle est l'union de l'intellect et de la foi. Elle est associée à la beauté sous toutes ses formes. Elle est " Victoire " car elle est liée à la cible *(l'objectif)* atteinte, elle est l'adéquation de l'expression à la pensée. Elle alimente la compréhension quand on essaie d'entrer en résonance avec le but que l'on recherche à réaliser, et/ou l'objectif que l'on souhaite assimiler.

Symbolique hermétique

Nom de Dieu : Y.H.V.H. Tsabaoth.

Archange : Haniel.

Ordre Angélique : Elohim-Malkhi.

Signification : La victoire.

Symbole : La beauté glorieuse, la passion, les sentiments.

Vertu : Avoir l'esprit libre, ouverture à autrui.

Vice : Avoir l'esprit étroit, être fermé aux autres.

Couleur : Le vert.

Nombre : 7.

Représentation : Une somptueuse femme nue.

HOD

- GLOIRE -

*H*od est interprétée comme la sphère qui applique les " *Lois de la Sephira Bina* " à un niveau tels, ou elle rejoint presque la " *Dimension Matérielle* ". Elle est la gardienne des secrets, des savoirs et de la mémoire du monde. Il s'agit du stade final de " *l'Élaboration du Plan de Vie* ".

La huitième *Sephira* est décrite comme une " *intelligence absolue* ". Associée aux protocoles et à la rigueur, à la logique et au rationalisme, elle exprime la reconnaissance du savoir caché et délivré à tous. Elle est " *la Gloire* ". Elle est le réservoir de la " *connaissance figée* ", celui du savoir écrit : les manuscrits, les livres. Celui-ci, qui cherche à tout connaître, sera favorisé par la *Sephira Hod*, car sous son influence, l'Homme tente de comprendre les toutes choses en les analysant.

SYMBOLIQUE HERMÉTIQUE

Nom de Dieu : Elohim Tzabaoth.

Archange : Raphaël.

Ordre Angélique : Malakim.

Signification : La gloire.

Symbole : L'abstraction, la Splendeur.

Vertu : L'honnêteté.

Vice : La volonté.

Couleur : Le jaune.

Nombre : 8.

Représentation : Un hermaphrodite.

YESSOD

— ✼ —

— FONDATION —

*Y*essod ou *Yesod* est interprétée comme étant la sphère qui produit la " *Réalité Matérielle* ". Elle transmet les informations en provenance de la sphère supérieure : *Tiphareth* vers le " *Monde Physique* " et vice-versa. En tant qu'union de deux principes *Yessod* est le fondement de toutes les choses s'incarnant.

La neuvième *Sephira* est une sphère " purifiante " et est associée à la lune. Elle conçoit les formes, façonne, sculpte, et assure leur intégrité. Ses formes ou ses plans deviendront matière dans la *Sephira Malkhouth*.

SYMBOLIQUE HERMÉTIQUE

Nom de Dieu : Shaddaï El Chaï.

Archange : Gabriel.

Ordre Angélique : Keroubim.

Signification : La fondation.

Symbole : La réceptivité, la perception, la pureté.

Vertu : L'indépendance.

Vice : La rêverie, l'illusion.

Couleur : Le mauve.

Nombre : 9.

Représentation : Un homme charmant et robuste.

MALKHOUTH

— ✻ —

- ROYAUME -

*M*alkhuth ou *Malkhouth*, est interprétée comme étant la *Sephira* qui représente la *" Réalité Physique "*, associée à la Planète Terre. Cette sphère incite l'homme à pouvoir maîtriser un jour les énergies et influences qui s'agitent dans son monde.

La dixième *Sephira* représente l'intelligence et le visible, elle est le réceptacle de toutes les influences. *Malkhouth* incarne le stade ultime. Elle est notre univers, notre planète, notre corps et toutes choses animées et inanimées qui nous entourent.

SYMBOLIQUE HERMÉTIQUE

Nom de Dieu : Adonaï Malekh.

Archange : Uriel.

Ordre Angélique : Ishim.

Signification : Le royaume.

Symbole : le Saint Ange Gardien, la stabilité.

Vertu : Le discernement.

Vice : L'avarice.

Couleur : Le brun.

Nombre : 10.

Représentation : Une jeune femme couronnée assise sur un trône.

Les Anges et leurs Initiations

Pouvoirs & Vertus,
Psaumes et Éléments Associés

NOTE IMPORTANTE

Le psaume correspondant à l'Ange est issu de la Bible en latin *(Lat)* version " *Vulgate* ". La traduction française *(Fra)*, est issue de la Bible version " *Second 21* ".

Les noms en Hébreu sont les noms " réels " des 72 anges de la Kabbale, tels qu'ils ont été écrits par les kabbalistes Juifs en combinant les 72 noms issus de la bible hébraïque, agencés aux racines de trois lettres.

VÉHUIAH - 1

" Dieu élevé et exalté au-dessus
de toutes choses et créatures "

Son nom hébreu est *Vaheva* ou *Vehou*.

De l'ordre des *Séraphins*, il est invoqué pour exaucer les prières. C'est l'Ange chargé d'indiquer la porte qui ouvre vers les mondes divins. Les yeux spirituels de la personne seront ouverts, à l'occasion d'un acte héroïque. Il gouverne les premiers rayons du soleil.

Véhuiah apporte le *" Feu Créateur Primordial "*, il aide à sortir de la confusion et des impasses, en apportant la compréhension de sa propre valeur et de la valeur d'autrui, ainsi que de l'importance de l'individualité et de l'intimité. Il favorise le succès pour toute nouvelle création.

※

Son Ange contraire est *Chontaré*. Génie de la colère et de la promptitude, il incite les Hommes à être turbulents. Têtu, acharné et autoritaire, cet ange contraire a tendance à forcer le destin, de le contrecarrer ou de le défier. Chez l'Homme, il incite les passions dangereuses, et favorise le manque de dynamisme et de volonté. Il pousse aux réactions excessives, à la violence, et à la destruction de l'entourage proche.

SCEAU ANGÉLIQUE

PSAUME

Lat *(3 :4)* : " *Et tu Domine susceptor meus et gloria mea et exaltans caput meum.* "

Fra *(3 : 3)* : " *Mais toi, Éternel, tu es mon bouclier, tu es ma gloire, et tu relèves ma tête.* "

ÉLÉMENTS ASSOCIÉS

ASTRES : ♆ Neptune et ♅ Uranus.

COULEURS : Rouge, orange et bleu foncé.

PIERRE : *Cornaline*, de couleurs rose clair à rouge brun, rouge vermillon et orange vif. Elle possède des effets apaisants sur les personnes émotives ou colériques. Elle absorbe les énergies négatives.

MÉLANGE D'ENCENS & PLANTES : Un volume d'*Oliban* et deux volumes de *Myrrhe*. Poudre de racine d'*Iris* et de *Badiane (Anis étoilé)*.

JÉLIEL - 2
" Dieu secourable et conciliateur "

Son nom hébreu est *Yolayo* ou *Yeli*.

Ange de l'ordre des *Séraphins*, son nom serait inscrit sur *" l'Arbre de Vie "*. Il permet la découverte des lois universelles par celle du cœur, de l'amour. Amour exalté, sain, plein d'émotion, capable de comprendre les mystères de l'œuvre divine. *" Prince dirigeant "*, il contrôle la destinée des rois et des hauts dignitaires. Il inspire aussi la passion et assure la fidélité.

Jéliel favorise la vie de couple et la relation à l'autre, il leur apporte solidité et tranquillité. Cet Ange permet de régler tout litige et tout conflit. De nature altruiste, il cherche à manifester l'amour partout. Il unifie les principes masculins et féminins, et développe notre capacité de persuasion, en apportant la lucidité dans l'analyse théorique.

⚜

Son Ange correspondant est *Asican*, génie nuisible aux *" êtres animés "*, inspirant le célibat et les mauvaises mœurs, il favorise les difficultés dans la vie de couple et dans la relation avec autrui. On l'invoque pour séparer les couples. Il provoque les comportements pervers. Il est l'absence de sagesse, le conflit perpétuel, les querelles, et l'égoïsme.

SCEAU ANGÉLIQUE

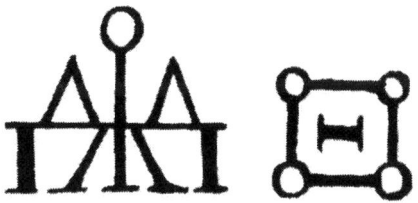

PSAUME

Lat *(21 : 20)* : " *Tu autem Domine ne elongaveris auxilium tuum à me : ad defensionem meam conspice.* "

Fra *(22 : 20)* : " *Mais toi, Éternel, ne t'éloigne pas ! Toi qui es ma force, viens vite à mon secours !* "

ÉLÉMENTS ASSOCIÉS

ASTRES : ♆ Neptune et ♄ Saturne.

COULEURS : Violet, rose et bleu foncé.

PIERRE : *Kunzite*, de couleurs rose violacée pâle, à clair. Elle stimule le cœur et l'esprit, calme les émotions et rééquilibre le mental. Bénéfique, elle défait les nœuds émotionnels et permet d'atteindre la sérénité.

MÉLANGE D'ENCENS & PLANTES : Un volume d'*Oliban* et deux volumes de *Myrrhe*. Poudre d'*Absinthe* et *Badiane*.

SITAEL - 3

" Dieu qui érige l'univers,
l'espérance de toutes créatures "

Son nom hébreu est *Sayote* ou *Seyat*.

Sitael ou *Sitiel* est invoqué pour vaincre l'adversité, et il gouverne la noblesse. Ange de la découverte des valeurs spirituelles cachées au fond du subconscient, les contacts avec ceux qui ont ce même Ange, aideront la personne dans son ascension spirituelle.

Ange de la *" Haute Science "*, il confère le pouvoir d'expansion, la capacité à tout faire fructifier. Il aide l'Homme lorsque celui-ci prend conscience de ses erreurs, à transformer son karma. Architecte et ingénieur au service du Divin, il favorise la capacité à concevoir un enfant. La noblesse, la magnanimité, la générosité et la clémence sont ses qualités. Il aide l'Homme à élever sa notoriété sociale et politique.

⁂

Son Ange contraire est *Chontacré,* génie incitant aux faux serments ou à leur violation, et inspirant l'hypocrisie et l'agressivité, l'ingratitude et la vantardise. Il favorise la destruction, l'écroulement des structures, les périodes défavorables, la ruine. Il est invoqué pour nuire à la conception d'un enfant. Il incite aussi à ne pas tenir ses promesses ou à ne pas être fidèle à sa parole.

SCEAU ANGÉLIQUE

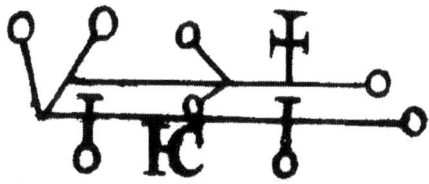

PSAUME

Lat *(90 : 2)* : " *Dicet Domino : susceptor meus es tu et refugium meum : Deus meus, sperabo in eum.* "

Fra *(91 : 2)* : " *Je dis à l'Éternel : « Tu es mon refuge et ma forteresse, mon Dieu en qui je me confie ! »* "

ÉLÉMENTS ASSOCIÉS

ASTRES : ♆ Neptune et ♃ Jupiter.

COULEURS : Bleu.

PIERRE : *Saphir*, de couleurs bleu pâle au bleu nuit, parfois avec des nuances incolores, violacées. Très spirituelle, elle facilite la communication, et développe les facultés extra-sensorielles. Elle apporte puissance, force et résistance, chez les personnes faibles.

MÉLANGE D'ENCENS & PLANTES : Un volume d'*Oliban* et deux volumes de *Myrrhe*. Poudre d'*Eucalyptus* et de *Cannelle*.

ELÉMIAH - 4
" Dieu caché "

———————— ❀ ————————

Son nom hébreu est *Ealame* ou *Alam*.

Ange de l'ordre des *Séraphins*, il gouverne les voyages et les expéditions maritimes. Il serait un des chefs des " Anges périssables ". Il est l'Ange de l'intuition, de la découverte, de la sagesse fondamentale, et de la découverte du fonctionnement du cosmos.

Elémiah nous permet d'identifier ceux qui nous ont trahis pour faire la paix avec eux. D'autorité juste, équitable et impartiale, il permet la découverte de nouveaux chemins. Il soutient notre capacité à prendre des décisions. En l'invoquant, il peut faire des révélations sur notre plan de vie. Il pousse à l'initiative, à l'entreprise et l'engagement.

✤

Son Ange correspondant est *Senacher*, génie dominant sur la mauvaise éducation, et les découvertes dangereuses, il fait obstacle à toutes les entreprises. Il pousse l'Homme vers la satisfaction des besoins personnels. Il favorise les tendances destructrices, les échecs professionnels, la faillite. Ange du pessimisme, de l'avidité et de l'abus de pouvoir, sous son influence l'Homme tombe rapidement dans l'épuisement, le rendant à bout de ressources. Il favorise aussi les sentiments de supériorité et d'infériorité.

SCEAU ANGÉLIQUE

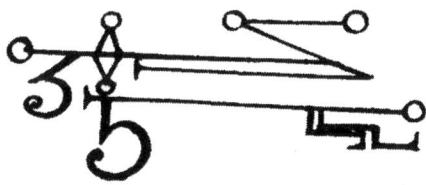

PSAUME

Lat *(6 : 5)* : " *Convertere Domine, et eripe animam meam : salvum me fac propter misericordiam tuam.* "

Fra *(6 : 5)* : " *Reviens, Éternel, délivre-moi, sauve-moi à cause de ta bonté* "

ÉLÉMENTS ASSOCIÉS

ASTRES : ♆ Neptune et ♂ Mars.

COULEURS : Jaune et bleu sombre.

PIERRE : *Citrine*, de couleur jaune pâle à jaune-or et orange brun. Pierre solaire, elle tonifie le corps et l'esprit en éloignant la fatigue, elle aide à la concentration. D'énergie très positive et tonifiante, elle permet les travaux intellectuels intenses, et est particulièrement appréciée lors des convalescences.

MÉLANGE D'ENCENS & PLANTES : Un volume d'*Oliban* et deux volumes de *Myrrhe*. Poudre de fleurs de *Sureau* et clous de *Girofle*.

MAHASIAH - 5

" Dieu sauveur "

Son nom hébreu est *Meheshi* ou *Mehash*.

Cet Ange à l'aptitude à répandre des idées lumineuses. Il aide à rétablir l'Ordre Divin. L'individu priant l'Ange sera mis en contact avec la source de vie, au travers du seul lien qui nous relie avec les Mondes immatériels.

Avec le soutien de cet Ange, l'Homme est capable de rectifier ses erreurs, d'opérer à des réformes. Il facilite l'apprentissage et favorise la capacité de vivre en paix et de jouir des choses simples et naturelles. *Mahasiah* facilite l'analyse des rêves et l'étude du langage symbolique. Il guide l'humain dans le décodage des signes reçus dans la vie quotidienne.

⚜

Son Ange contraire est *Seket*, génie dominant l'ignorance. Il inspire les mauvaises qualités du corps et de l'esprit, en incitant au libertinage et abus sexuels. Il incite à l'arrogance et aux préjugés, et a tendance à pousser l'Homme à vouloir se venger et de garder rancune. Sous son influence, l'être humain a des difficulté à reconnaître et à regretter ses erreurs ou à pardonner les erreurs commises par autrui. Cet Ange contraire pousse à la dénégation de ses propres erreurs et à l'adhésion à un mouvement spirituel ou sectaire.

SCEAU ANGÉLIQUE

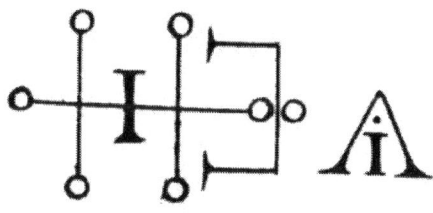

PSAUME

Lat *(33 : 5)* : " *Exquisivi Dominum, et exaudivit me : et ex omnibus tribulationibus meis eripuit me.* "

Fra *(34 : 5)* : " *J'ai cherché l'Éternel, et il m'a répondu, il m'a délivré de toutes mes frayeurs.* "

ÉLÉMENTS ASSOCIÉS

ASTRES : ♆ Neptune et ☉ Soleil.

COULEURS : Vert, bleu foncé.

PIERRE : *Jade*, de couleurs rarement unies avec des nuances de blanc, vert, brun, rouge, blanc, noire et gris. Une pierre réputée pour ses vertus curatives. Elle équilibre les jugements sur autrui, et permet d'élever la conscience. Positive, elle attire la fortune et le succès. À utiliser avec modération, car ses effets peuvent se retourner en cas d'excès.

MÉLANGE D'ENCENS & PLANTES : Un volume d'*Oliban* et deux volumes de *Myrrhe*. Poudre de *Fougère* et extrait de *Vanille*.

LÉLAHEL - 6

" Dieu louable, et de beauté "

Son nom hébreu est *Lelahe* ou *Lelah*.

Cet Ange gouverne les domaines des arts, de la science et de la fortune. Il est également invoqué lors des rites et prières à l'amour. La personne, sous la direction de l'Ange *Lélahel*, sera mise sur la voie de la vision spirituelle, et sur la voie de l'évidence de l'intervention d'un Ange Gardien.

Apportant la lucidité et la clarté de compréhension, on l'invoque principalement pour le bonheur et la fortune. Il permet de souligner la beauté naturelle de l'être humain. Grâce à son aide, l'Homme connaît l'art de bien s'exprimer dans la société, et accède à la célébrité par le talent et les réalisations artistiques.

⚜

Son Ange correspondant est *Asentacer*, génie qui domine sur l'ambition, influençant ceux qui cherchent la fortune par des moyens illicites. Il incite les Hommes à vouloir s'élever au-dessus des autres. Sous son influence, l'Homme porte aussi un masque, se cachant derrière des personnalités multiples. Il incite à ne voir que la beauté extérieure, à être axé uniquement sur l'aspect matériel des choses et des êtres. L'Homme utilise alors son charme à des fins personnelles et égoïstes.

SCEAU ANGÉLIQUE

PSAUME

Lat *(9 : 11)* : " *Psallite Domino, qui habitat in Sion : annuntiate inter gentes studia ejus.* "

Fra *(9 : 12)* : " *Chantez en l'honneur de l'Éternel, qui siège à Sion, proclamez ses hauts faits parmi les peuples.* "

ÉLÉMENTS ASSOCIÉS

ASTRES : ♆ Neptune et ♀ Vénus.

COULEURS : Blanc et bleu foncé.

PIERRE : *Pierre de Lune (Adulaire)*, de couleur incolore ou jaune avec reflets blancs bleutés. Excellente pour l'esprit, elle stimule l'imaginaire, favorise les prémonitions et stimule les bons côtés de l'esprit. Elle apporte douceur et tolérance, et contribue aussi au bonheur conjugal.

MÉLANGE D'ENCENS & PLANTES : Un volume d'*Oliban* et deux volumes de *Myrrhe*. Fleurs de *Consoude* en poudre et zestes de *Citron*.

ACHAIAH - 7

" Dieu bon, et patient "

--- ❈ ---

Son nom hébreu est *Aacahe* ou *Aka*.

Ange appartenant à l'ordre des *Séraphins*, il est l'un des trois Anges de la patience. Il permet la découverte des *" Secrets de la Nature "*, par des visions éthériques obtenues par l'observation de la nature. Cet Ange favorise principalement la sensibilisation du troisième œil, permettant l'exploration des dimensions intérieures. Il aide à découvrir la Vérité, améliore la faculté d'introspection et de discernement permettant de découvrir les aspects cachés et occultés.

Achaiah facilite l'exécution des travaux difficiles, et pousse les Hommes à réussir les examens et résoudre les problèmes difficiles. Cet Ange donne aussi le goût de s'instruire et aide à découvrir les secrets cachés.

⚜

Son Ange contraire est *Chous*, génie ennemi des Lumières, il incite à la négligence et la paresse, il favorise l'insouciance des études, la paresse et l'ignorance. Avec lui, les Hommes n'ont aucune envie d'apprendre, mais sont en recherche de gloire personnelle. Il favorise les échecs aux examens, et son influence paralyse tout Homme face à l'adversité. Impatience, révolte et résignation sont ces symboles.

SCEAU ANGÉLIQUE

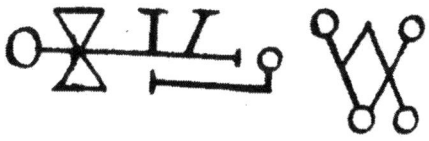

PSAUME

Lat *(102 : 8)* : " *Miserator et misericors Dominus : longanimis, et multum misericors.* "

Fra *(103 : 8)* : " *L'Éternel fait grâce, il est rempli de compassion, il est lent à la colère et riche en bonté.* "

ÉLÉMENTS ASSOCIÉS

ASTRES : ♆ Neptune et ☿ Mercure.

COULEURS : Rouge.

PIERRE : *Rubis*, de couleur rouge pâle au rouge sang. Symbole du pouvoir, il donne force et courage, il ramène les personnes rêveuses au réalisme. Puissant stimulateur sanguin, il repousse la fatigue, et éloigne la mélancolie. Les personnes autoritaires, hypertendues ou colériques l'utiliseront avec modération.

MÉLANGE D'ENCENS & PLANTES : Un volume d'*Oliban* et deux volumes de *Myrrhe*. Poudre de *Menthe* et de *Muscade*.

CAHÉTHEL - 8

" Dieu de bénédiction, et adorable "

❀

Son nom hébreu est *Cahetha* ou *Kéhath*.

*C*ahéthel ou *Cahetel* est un Ange *Séraphin*, et il règne sur tous les produits agricoles. Avec lui, les terres sont fertiles, et on l'invoque particulièrement pour améliorer les récoltes. Il est la compréhension de la loi universelle par l'observation de la nature. Il permet la compréhension de l'œuvre divine.

Cahéthel apporte la *" Bénédiction Divine "*. Il facilite l'enfantement et les accouchements s'il est prié. Sous son influence les Hommes progressent, il aide à changer de mode de vie. Patron des quatre éléments : eau, feu, terre et air, il apporte également la richesse matérielle, et permet d'être libéré des mauvais esprits.

⚜

Son Ange correspondant est *Asicat*, génie forçant l'Homme à blasphémer contre le *Créateur*. Il règne sur tout ce qui est nuisible aux productions de la terre. Sous son influence les Hommes manquent de gratitude et ne suivent que leur propre intérêt, ils se comportent comme des prédateurs. Il favorise l'échec matériel, la ruine. Cet Ange agit contre le destin. Il règne sur les pluies torrentielles, les inondations, et les eaux polluées. Il pousse l'Homme à agir à l'encontre des lois.

SCEAU ANGÉLIQUE

PSAUME

Lat *(94 : 6)* : " *Venite adoremus, et procidamus : et ploremus ante Dominum, qui fecit nos.* "

Fra *(95 : 6)* : " *Venez, prosternons-nous et humilions-nous, plions le genou devant l'Éternel, notre créateur.* "

ÉLÉMENTS ASSOCIÉS

ASTRES : ♆ Neptune et ☽ Lune.

COULEURS : Jaune, bleu foncé.

PIERRE : *Jaspe Léopard*, de toutes les couleurs, avec des zébrures, des nuages, des taches et des figures géométriques. De faible puissance, il sera porté en permanence sur soi, il stimule l'esprit et l'éloquence. Pierre protectrice, elle stimule aussi les organes sexuels, et incite à l'admiration.

MÉLANGE D'ENCENS & PLANTES : Un volume d'*Oliban* et deux volumes de *Myrrhe*. Poudre de *Thym sauvage (Serpolet)*.

HAZIEL - 9

" Dieu de miséricorde "

Son nom hébreu est *Hezayo* ou *Hazi*.

Ange de la *" Vision de Dieu "*, il appartient à l'ordre des *Chérubins*. Ange des ténèbres et de la mort, il est un des Anges *" périssables "*, et permet la rencontre d'êtres dans le monde invisible sous l'apparence de rêves. Il est principalement invoqué pour obtenir la compassion et la miséricorde du *Tout-Puissant*.

Il a le don du pardon et permet toutes sortes de réconciliations. Porteur de la bonté qui absout tout mal, *Haziel* est une énergie puissante qui transforme tout négativisme. Il permet d'obtenir des grâces, notamment des faveurs des puissants qui gouvernent le monde. Il protège aussi la pureté de l'enfance.

⚜

Son Ange contraire est *Ero (ou peut-être Bernael)*, génie dominant la haine et l'hypocrisie, rendant les ennemis irréconciliables, et influençant tous ceux qui cherchent à tromper. Sous son influence, les Hommes auront des difficultés à aimer et à être aimé. Cet Ange contraire incite à la possessivité, à la jalousie, et à la peur d'aimer et d'être aimé. Il pousse les Hommes à être hypocrite, et à se tromper les uns et les autres. Il est invoqué pour manipuler, et pour obtenir la faveur des puissants.

SCEAU ANGÉLIQUE

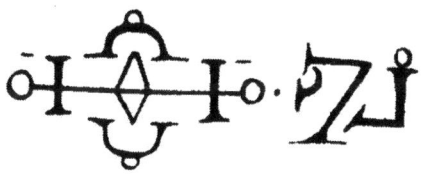

PSAUME

Lat *(24 : 6)* : " *Reminiscere miserationum tuarum, Domine, et misericordiarum tuarum quæ à sæculo sunt.* "

Fra *(25 : 6)* : " *Éternel, souviens-toi de ta compassion et de ta bonté, car elles sont éternelles !* "

ÉLÉMENTS ASSOCIÉS

ASTRES : ♅ Uranus.

COULEURS : Jaune et gris.

PIERRE : *Topaze*, de couleurs incolore, jaune à brun orangé, rose pâle à vif, bleu clair à foncé. Dynamisante, utile pour l'intellect, elle éclaircit les idées, aide au dialogue, et stimule les facultés du cœur et de l'esprit.

MÉLANGE D'ENCENS & PLANTES : Un volume de *Myrrhe* et deux volumes d'*Oliban*. Poudre de fleurs de *Chèvrefeuille* et aiguilles de *Pin*.

ALADIAH - 10
" *Dieu de grâce divine, et propice* "

❈

Son nom hébreu est *Aalada* ou *Alad*.

Cet Ange permet d'obtenir un lien privilégié avec son Ange Gardien. Il est invoqué pour obtenir des renseignements voulus pour créer un paradis sur terre. Il protège de la rage et de la peste, et influence la guérison des malades. Il aide à trouver équilibre en tirant des leçons de nos expériences passées.

La personne née sous cette influence sera heureuse dans ses entreprises, elle fréquentera les meilleures sociétés. Il est la Grâce Divine qui absout et pardonne toute faute, il brise la loi du Karma permettant un nouveau départ. Il favorise l'abondance spirituelle et matérielle.

✵

Son Ange correspondant est *Viroaso*, génie influençant ceux qui négligent leur santé, et se désintéressant de leurs devoirs. Il génère les problèmes et les difficultés karmiques, il fait répéter les erreurs aux Hommes et favorise la spiritualité dangereuse en inspirant les faux gourous. Symbole de la déchéance morale, il incite à la négligence, à la nonchalance et l'indifférence, il favorise la mauvaise santé, en rendant le karma difficile. Cette Ange contraire pousse au gaspillage, à la boulimie ou encore aux excès sexuels et à la luxure.

SCEAU ANGÉLIQUE

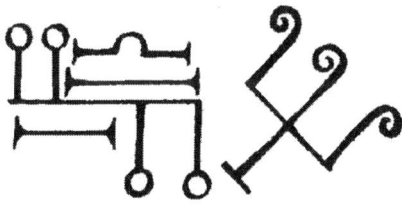

PSAUME

Lat *(32 : 22)* : " *Fiat misericordia tua Domine super nos :
quemadmodum speravimus in te.* "

Fra *(33 : 22)* : " *Éternel, que ta grâce soit sur nous lorsque
nous espérons en toi !* "

ÉLÉMENTS ASSOCIÉS

ASTRES : ♅ Uranus et ♄ Saturne.

COULEURS : Orange et pourpre.

PIERRE : *Opale*, de couleur blanche à gris, de jaune
orangé à rouge, bleu soutenu à noire avec des irisations
multicolores. Elle stimule la réflexion, révèle les qualités
cachées permettant la manifestation de la vérité. Elle
développe l'intuition, et permet d'élever le niveau de la
spiritualité.

MÉLANGE D'ENCENS & PLANTES : Un volume de *Myrrhe*
et deux volumes d'*Oliban*. Poudre de *Basilic* et de *Cyprès*.

LAUVUEL - 11

" Dieu propice, loué et exalté "

Ne pas confondre avec *Lauviah* et *Leuviah*.

Son nom hébreu est *Laaava* ou *Lav*.

Cet Ange Gardien possède la capacité à enseigner aux autres, la partie de vérité intériorisée. Il favorise la progression spirituelle, et est principalement invoqué contre la jalousie et le mensonge. Cet Ange participe également au bon déroulement du processus de guérison.

Il favorise la victoire et la renommée. Il incite à l'altruisme et permet la réussite des initiations. Avec Lauvuel, on peut tout obtenir des grands de ce monde. Il est l'Ange des entreprises utiles et profitables pour l'humanité.

⚜

Son Ange contraire est *Rombomaré*, génie dominant l'orgueil et l'ambition, favorisant la jalousie et les attaques calomnieuses. Avec lui, l'Homme joue des rôles pour plaire, il pousse au manque d'authenticité, se focalisant excessivement sur la renommée, la célébrité et la notoriété. Ange contraire du matérialisme excessif, il pousse aux débordements émotionnels, à la dépendance affective, et au manque de confiance ou à la difficulté à avoir confiance en autrui.

SCEAU ANGÉLIQUE

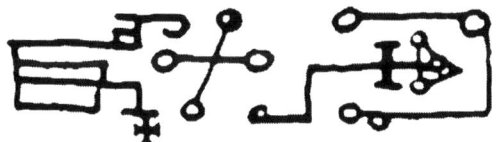

PSAUME

Lat *(17 : 47)* : " *Vivit Dominus et benedictus Deus meus, et exultatur Deus salutis meæ.* "

Fra *(18 : 47)* : " *L'Éternel est vivant ! Béni soit mon rocher ! Que l'on dise la grandeur du Dieu de mon salut !* "

ÉLÉMENTS ASSOCIÉS

ASTRES : ♅ Uranus et ♃ Jupiter.

COULEURS : Jaune pâle et bleu pâle.

PIERRE : *Quartz fumé*, de couleurs beige pâle à noir, ainsi que toutes les nuances de brun. Il développe le sens de l'ouïe et de l'odorat, et de la vision. Propice à la réflexion, il chasse les idées noires, et permet de se recentrer sur des objectifs accessibles.

MÉLANGE D'ENCENS & PLANTES : Un volume de *Myrrhe* et deux volumes d'*Oliban*. Poudre de *Quintefeuille (Potentille)* et de *Cyprès*.

HAHAIAH - 12
" Dieu refuge "

Son nom hébreu est *Heheea* ou *Haha*.

Ange de l'ordre des *Chérubins*, il soutient la possibilité d'entrer en communication avec Son Gardien. Porteur de mystères cachés, difficilement compréhensible pour l'Homme, il faudra éviter de s'enfermer dans la solitude si l'on souhaite invoquer cet Ange et ses pouvoirs. Il influence principalement les pensées des Hommes.

Il inspire à prendre soin autant de notre monde intérieur que de notre foyer. Ange de la propreté et de l'ordre, il permet l'harmonisation intérieure par la remise en question de soi. *Hahaiah* transforme les attitudes destructrices, et facilite l'interprétation des rêves en donnant accès aux mystères occultes.

⚜

Son Ange correspondant est *Atarph*, génie de l'indiscrétion et du mensonge. Il influence tous ceux qui abusent de la confiance d'autrui. Sous son influence l'Homme aura tendance à se retirer, à s'isoler et à fuir, et à refuser de faire face à ses responsabilités, il cherche à camoufler ses problèmes, ses soucis et insécurités, ses blessures ou difficultés émotionnelles. Cet Ange pousse au mensonge et à la trahison.

SCEAU ANGÉLIQUE

PSAUME

Lat *(9 : 22)* : " *Ut quid Domine recessisti longè, despicis in opportunitatibus, in tribulatione.* "

Fra *(10 : 1)* : " *Pourquoi, Éternel, te tiens-tu éloigné ? Pourquoi te caches-tu dans les moments de détresse ?* "

ÉLÉMENTS ASSOCIÉS

ASTRES : ♅ Uranus et ♂ Mars.

COULEURS : Violet et rouge.

PIERRE : *Ambre (succin)*, avec inclusion fossile, de couleur jaune pâle à brun, rouge et blanc, et rarement bleu, noir ou verdâtre. Attention aux imitations. Elle donne énergie, combat la fatigue et les angoisses. Chasse les idées noires et les tendances dépressives.

MÉLANGE D'ENCENS & PLANTES : Un volume de *Myrrhe* et deux volumes d'*Oliban*. Poudre de feuilles de *Sauge* et aiguilles de *Pin*.

IÉZALEL - 13

" Dieu fidèle, et glorifié sur toutes choses "

Son nom hébreu est *Yozala* ou *Yezal*.

Avec cet Ange Gardien, l'amitié sera le moteur de l'élévation spirituelle. Il est le pont entre le ciel et la terre afin que la spiritualité circule dans le monde. Il gouverne l'amitié et la réconciliation. Il soutient aussi la fidélité conjugale. Il est un guide vers la foi en *Dieu*.

Ange de la fidélité et de la réconciliation, de l'ordre et de l'harmonie, il facilite l'apprentissage. Il influence l'Homme à être fidèle aux Principes Divins. Il favorise la complémentarité et l'équilibre entre le masculin et le féminin. Cet Ange favorise l'union, il donne forme à l'unité, et permet de préparer nos rencontres.

Son Ange contraire est *Théosolk*, génie dominant l'erreur, l'ignorance et le mensonge. Il influence les personnes aux idées étroites, celles qui ne veulent rien apprendre, ni faire. Il pousse à l'infidélité, et fait en sorte que l'Homme focalise excessivement sur ses besoins personnels en le poussant à plaire à tout le monde. Il incite à blesser les enfants, à détruire le mariage et la famille, et engendre des karmas lourds de conséquences. Cette Ange contraire éloigne les êtres aimés, il est une influence négative sur les autres et sur les situations.

SCEAU ANGÉLIQUE

PSAUME

Lat *(97 : 4)* : " *Jubilate Deo omnis terra : cantate, et exultate, et psallite.* "

Fra *(98 : 4)* : " *Poussez des cris de joie en l'honneur de l'Éternel, habitants de toute la terre ! Faites éclater votre allégresse et chantez !* "

ÉLÉMENTS ASSOCIÉS

ASTRES : ♅ Uranus et ☉ Soleil.

COULEURS : Magenta et orange.

PIERRE : *Chrysoprase*, de couleurs vert clair, à vert pomme. Elle favorise le renouveau, et permet d'avoir confiance en soi. Elle favorise les liens maternels, et chasse les tendances dominatrices des personnes. Elle apporte harmonie et douceur.

MÉLANGE D'ENCENS & PLANTES : Un vol. de *Myrrhe* et deux vol. d'*Oliban*. Poudre de *Rue* et baies de *Genévrier*.

MÉBAHEL - 14

" Dieu conservateur, et qui tient ses promesses "

Son nom hébreu est *Mebehe* ou *Mabah*.

L'Ange *Mébahel* ou *Mebabel* porte la justice parmi les Hommes, il fait connaître la vérité. Il est connu pour protéger l'innocent. Il est la connaissance des rouages de la mécanique universelle. De parole créative, l'Ange *Mébahel* s'exprimera au travers des personnes douées d'esprit inventif.

Ange de l'équité et de la justesse, de l'exactitude et de la précision, il favorise les choix justes et rétablit l'ordre naturel des choses. Il permet d'accéder à l'inspiration en provenance des Mondes Supérieurs, et aide ceux qui ont perdu l'espoir. Il pousse au respect de l'environnement, et permet l'élévation de nos sens.

⚹

Son Ange correspondant est *Thésogar*, génie invoqué par ceux qui cherchent à usurper la fortune d'autrui. Il domine la calomnie, les faux témoignages et l'oppression. Sous son influence l'Homme ne tient pas ses promesses, et il favorise le sentiment d'être mal aimé ou rejeté. Il incite aux problèmes avec la vérité et la justice, il est le protecteur des malfaiteurs et des criminels. Il est le cycle dynamique du tyran et sa victime.

SCEAU ANGÉLIQUE

PSAUME

Lat *(9 : 10)* : " *Et factus est Dominus refugium pauperi adiutor in oportunitatibus in tribulatione.* "

Fra *(9 : 10)* : " *L'Éternel est une forteresse pour l'opprimé, une forteresse dans les moments de détresse.* "

ÉLÉMENTS ASSOCIÉS

ASTRES : ♅ Uranus et ♀ Vénus.

COULEURS : Violet et jaune.

PIERRE : *Lapis-lazuli,* de couleurs bleu indigo à profond, tacheté de blanc ou d'or. Pierre de joie, elle stimule l'imagination et l'intellect, la finesse d'esprit, et la créativité. *Il* permet l'élévation de l'âme. Il permet aussi de purifier fortement le corps, mais surtout l'esprit.

MÉLANGE D'ENCENS & PLANTES : Un vol. de *Myrrhe* et deux vol. d'*Oliban*. Poudre de *Rue Officinale* et extrait de *Vanille*.

HARIEL - 15

" Dieu sauveur, et purificateur "

Son nom hébreu est *Hereyo* ou *Heri*.

*H*ariel, *Harael*, ou *Hashmal*, est l'Ange protecteur et gardien des animaux domestiques. Il est le dirigeant des " *Hashmalim* " un ordre équivalent aux *Chérubins* dont il fait aussi partie. Il est celui qui met en union la science, l'art et la spiritualité, ainsi les règles célestes règnent aussi sur terre. *Hariel* est invoqué contre les impiétés, et pour garder les animaux apprivoisés.

Il permet la découverte de nouvelles méthodes ou d'inventions utiles, en inspirant les scientifiques et les artistes. Il apporte la lucidité et libère l'Homme de ce qui l'empêche d'agir, et délivre de toutes les formes de dépendance.

✾

Son Ange contraire est *Ouêrè* ou *Behemiel*. Ce génie domine les guerres de religion, les schismes. Il influe les impies, et ceux qui propagent les sectes dangereuses, et qui cherchent à en créer de nouvelles. Sous son influence l'Homme est trop focalisé sur les détails et il manque de vision globale. Il aspire à imposer ou à défendre une vérité non naturelle, à avoir un esprit sectaire ou excessivement analytique, poussant au discernement faussé ou à un jugement erroné.

SCEAU ANGÉLIQUE

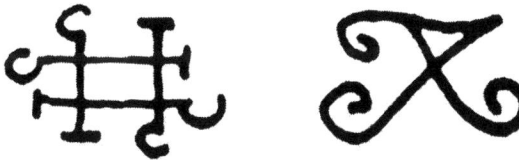

PSAUME

Lat *(93 : 22)* : " *Et factus est Dominus mihi in refugium et Deus meus in adiutorem spei meae.* "

Fra *(94 : 22)* : " *Mais l'Éternel est ma forteresse, mon Dieu est le rocher où je trouve un refuge.* "

ÉLÉMENTS ASSOCIÉS

ASTRES : ♅ Uranus et ☿ Mercure.

COULEURS : Rouge et jaune.

PIERRE : *Améthyste*, de couleurs mauve pâle au violet profond. Pierre de la sagesse, elle permet l'élévation spirituelle. Elle purifie l'atmosphère, clarifie l'esprit, apporte la sérénité, procure détente et paix.

MÉLANGE D'ENCENS & PLANTES : Un vol. de *Myrrhe* et deux vol. d'*Oliban*. Poudre de feuilles de *Laurier-sauce* et feuilles de *Patchouli*.

HÉKAMIAH - 16

" Dieu loyal, qui érige l'univers "

Son nom hébreu est *Heqome* ou *Heqam*.

Ange Gardien de la France, *Hékamiah* ou *Hakamiah* est un Ange de l'ordre des *Chérubins*. Principalement invoqué contre les traîtres et les actes de traîtrise, il favorise une intense vie intérieure, la réalisation de nos rêves au travers d'amis, de l'amour, mais surtout grâce à son aide entraîné par la volonté.

Sous son influence l'Homme est incité à tenir une attitude royale, à respecter des engagements. Ange de la franchise et de la noblesse, il permet d'obtenir des responsabilités, de devenir un meneur, un chef, un président... Avec lui, l'organisation politique et sociale règnent.

✵

Son Ange correspondant est *Verasua*. Ce génie domine sur les traîtres, il prend plaisir à provoquer les trahisons, la sédition et la révolte. Il incite à un mode de vie marqué par l'arrogance, le snobisme. Il favorise les complexes de supériorité et d'infériorité. Sous son joug l'Homme est un excessif matérialiste. Il fait obstacle aux réalisations de notre nature supérieure. Il pousse à l'égoïsme, à l'amour trop personnel, au sentiment d'être diminué. Il incite à l'idolâtrie et à l'égocentrisme.

SCEAU ANGÉLIQUE

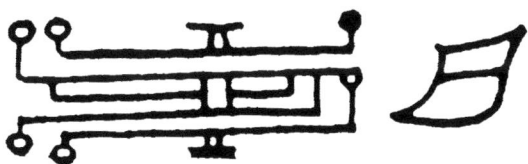

PSAUME

Lat *(87 : 2)* : " *Domine Deus salutis mex, in die clamavi, et nocte coram te.* "

Fra *(88 : 2)* : " *Éternel, Dieu de mon salut, jour et nuit je crie devant toi.* "

ÉLÉMENTS ASSOCIÉS

ASTRES : ♅ Uranus et ☽ Lune.

COULEURS : Violet clair et indigo.

PIERRE : *Sodalite*, de couleurs bleu, parfois grisâtre. Pierre de la sérénité, elle incite à la modestie, elle prépare l'esprit à l'introspection et canalise la pensée de façon rationnelle, elle permet la maîtrise des émotions. Elle éclaire l'esprit et protège des influences négatives.

MÉLANGE D'ENCENS & PLANTES : Un vol. de *Myrrhe* et deux vol. d'*Oliban*. Poudre de racine de *Mandragore* et aiguilles de *Pin*.

LAUVIAH - 17

" Dieu admirable, et qui révèle "

Ne pas confondre avec *Lauvuel* et *Leuviah*.

Son nom hébreu est *Laaava* ou *Leou*.

Il appartient à l'ordre des *Trônes*, mais aussi des *Chérubins*, cet Ange influence les grands personnages. Les mystères du monde sont révélés par cet Ange au travers de rêves. Il favorise l'inspiration musicale, et est le gouverneur des Savants.

Il permet de développer nos facultés de compréhension intuitive, sans analyse et sans étude. Il favorise la télépathie, et incite à connaître les mécanismes de la psyché. Il agit contre les tourments et la tristesse. Son influence porte l'Homme dans un état permanent de joie, pour atteindre l'ascension spirituelle, pour pénétrer l'inconscient.

⚜

Son Ange contraire est *Phuor*. Ce génie domine l'athéisme, les philosophes impies et tous ceux qui attaquent les dogmes de la religion. Il incite à vivre dans l'illusion, favorisant l'ignorance, les fausses perceptions, nous entraînant dans les tourments, la dépression, la tristesse, l'angoisse existentielle, l'anxiété et au décrochage. Il inspire le manque de foi et de confiance en soi et envers les autres.

SCEAU ANGÉLIQUE

PSAUME

Lat *(8 : 2)* : " *Domine Dominus noster quam admirabile est nomen tuum in universa terra quoniam elevata est magnificentia tua super caelos.* "

Fra *(8 : 2)* : " *Éternel, notre Seigneur, que ton nom est magnifique sur toute la terre! Ta majesté domine le ciel.* "

ÉLÉMENTS ASSOCIÉS

ASTRES : ♅ Uranus et ♄ Saturne.

COULEURS : Violet clair et rose.

PIERRE : *Aigue Marine*, de couleurs bleu clair à bleu pâle. Pierre de communication, elle facilite les discours, le chant, l'expression. Elle aide au repos, protège les voyageurs sur l'eau, et développe l'instinct maternel, les facultés extralucides, les perceptions extra-sensorielles.

MÉLANGE D'ENCENS & PLANTES : Un volume de *Benjoin* rouge. Poudre " *d'herbe aux anges* " (*Angélique Officinale*) et *Bergamote (Citrus bergamia)*.

CALIEL - 18

" Dieu de justice, et prompt à secourir "

Son nom hébreu est *Calayo* ou *Kili*.

*C*aliel ou *Calliel* est un Ange de l'ordre des *Trônes*, il permet la compréhension de la justice divine. Il est principalement invoqué pour apporter une aide rapide face à l'adversité. Cet Ange gouverne la connaissance des lois cosmiques, celles qui réalisent tous les miracles.

Cet Ange élimine tout doute, il fait régner la Justice Divine. Il incite à discerner ce qui est juste. Il permet d'obtenir la compréhension de l'interaction entre le bien et le mal. Il fait respecter les Lois Divines, il est l'Ange du jugement parfait. Sous son influence, il aide à découvrir la Vérité, à retrouver la source d'élévation, et favorise notre capacité à deviner les intentions.

⚜

Son Ange correspondant est *Tersatosoa* ou *Tepisatosoa*. Ce génie domine sur les procès scandaleux, il influence les hommes vils, ignobles et sordides, et ceux qui cherchent à s'enrichir aux dépens de leurs clients. Il favorise les problèmes avec la vérité et la justice. Sous son influence l'Homme utilise la justice uniquement pour s'enrichir matériellement, il est l'Ange contraire de l'adversité et du scandale, de la bassesse et de la corruption. Il incite à s'éloigner de la Vérité.

SCEAU ANGÉLIQUE

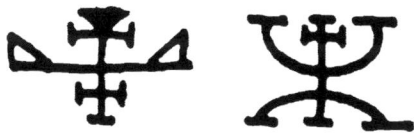

PSAUME

Lat *(7 : 9)* : " *Dominus iudicat populos iudica me Domine secundum iustitiam meam et secundum innocentiam meam super me.* "

Fra *(7 : 9)* : " *L'Éternel exerce son jugement sur les peuples : juge-moi, Éternel, conformément à ma justice et à mon intégrité !* "

ÉLÉMENTS ASSOCIÉS

ASTRES : ♄ Saturne.

COULEURS : Jaune clair et vert clair.

PIERRE : *Amazonite*, de couleurs bleu verdâtre à bleu turquoise. Pierre de la douceur et de la sérénité, elle chasse les pensées négatives. Elle permet la perception des sentiments de tendresse vers une personne aimée.

MÉLANGE D'ENCENS & PLANTES : Un volume de *Benjoin* rouge. Poudre de baies et feuilles de *Gui Blanc*.

LEUVIAH - 19

*" Dieu qui se souvient,
et qui secourt les pécheurs "*

———————— ✸ ————————

Son nom hébreu est *Levava* ou *Levou.*

*L*euviah, *Leuuiah* ou *Leviah,* aide à la compréhension des mondes invisibles, par la voie des émotions, et du cœur. Donnant force et courage à celui qui l'invoque, il permet de surmonter et de comprendre les épreuves traversées. Cet Ange facilite aussi l'étude des arts, et développe notre loyauté et notre franchise.

Ange de l'intelligence expansive, gardien des Archives de *Daath (Bibliothèque Universelle) et* Mémoire des vies antérieures, avec lui, notre capacité de mémorisation est prodigieuse, il permet de supporter l'adversité avec patience et acceptation.

✸

Son Ange contraire est *Sotis.* Ce génie influe sur les chagrins, les pertes, et les mortifications *(ascèse religieuse).* Il provoque aussi la débauche et le désespoir. Sous son influence l'Homme est en perte de ses facultés intellectuelles, des souvenirs inutiles, l'amnésie, des trous de mémoire ou des atrocités commises dans les vies passées peuvent refaire surface. Il incite à accuser et à culpabiliser des autres, à manipuler en utilisant les désirs et tenter d'impressionner.

SCEAU ANGÉLIQUE

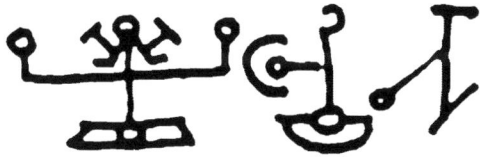

PSAUME

Lat *(39 : 2)* : " *Expectans expectavi Dominum et intendit mihi.* "

Fra *(40 : 2)* : " *J'avais mis mon espérance en l'Éternel, et il s'est penché vers moi, il a écouté mes cris.* "

ÉLÉMENTS ASSOCIÉS

ASTRES : ♄ Saturne et ♃ Jupiter.

COULEURS : Indigo.

PIERRE : *Moldavite*, de couleur verte à vert brunâtre. Pierre d'ouverture et d'harmonisation. Elle permet d'atteindre la paix ultime, la sérénité absolue, et d'accéder plus facilement à la vie spirituelle. Elle favorise l'accès aux sphères supérieures.

MÉLANGE D'ENCENS & PLANTES : Un volume de *Benjoin* rouge. Poudre de pétales de *Coquelicot* et *Ambre gris*.

PAHALIAH - 20

" Dieu sauveur, et rédempteur "

Son nom hébreu est *Pehela* ou *Pehil*.

Cet Ange était invoqué jadis pour convertir les Païens au Christianisme. Dirigeant de la théologie et de la morale, avec son aide, la possibilité de devenir maître maçon, maître cabaliste, maître initié avec des pouvoirs sera facilité. *Pahaliah* aide à développer la foi et la volonté pour surmonter les épreuves.

Ange de la délivrance, il incite à la transcendance de la sexualité, à la fusion sexuelle divine dans le couple, à la fidélité. Il éveille l'énergie vitale pour conduire à la réalisation du Soi. Sous son influence l'Homme rectifie ses erreurs commises par des désirs exaltés. Cet Ange établit des règles dans le comportement instinctuel, il aide à traverser les épreuves avec courage et dynamisme, rendant notre comportement moral irréprochable, pour atteindre la rencontre avec le Moi Supérieur.

⁂

Son Ange contraire est *Sothis*. Ce génie domine l'irréligion et l'athéisme, les apostats, les libertins et hédonistes, ainsi que les renégats. Il incite à l'abus de pouvoir, engendrant des problèmes avec la sexualité. Il pousse à transgresser les Lois Divines.

SCEAU ANGÉLIQUE

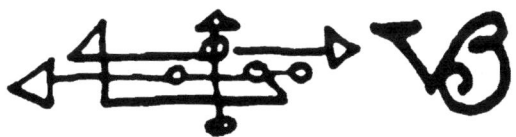

PSAUME

Lat *(119 : 2)* : " *Domine libera animam meam a labiis iniquis a lingua dolosa.* "

Fra *(120 : 2)* : " *Éternel, délivre-moi des lèvres fausses, de la langue trompeuse !* "

ÉLÉMENTS ASSOCIÉS

ASTRES : ♄ Saturne et ♂ Mars.

COULEURS : Bleu et rouge.

PIERRE : *Malachite*, de couleurs vert clair à vert foncé. Pierre de persuasion, elle favorise les discours clair, assuré et structuré. Elle nous aide à nous exprimer avec foi, assurance et conviction.

MÉLANGE D'ENCENS & PLANTES : Un volume de *Benjoin* rouge. Poudre de feuilles de *Houx* et aiguilles de *Cèdre*.

NELCHAEL - 21

" Dieu de la connaissance, seul et unique "

Son nom hébreu est *Nulaca* ou *Nalakh*.

Ange de l'ordre des *Trônes*, *Nelchael* ou *Nelkhael* est souvent traité comme un démon, car il enseigne : l'astronomie, les mathématiques, et la géographie. Il offre la possibilité de faire connaître l'utilité essentielle de l'union, de la science, de l'art et de la spiritualité.

Il facilite l'apprentissage, poussant l'Homme à aimer les études, il favorise la réussite des examens. Sous son influence, l'Homme à la faculté d'aller du concret à l'abstrait, de la réalité à l'idée. Cet Ange a le don pour les sciences et inspire les savants et les philosophes. Il apporte la bonne concentration et protège contre les calomnies, les pièges et les sortilèges.

✻

Son Ange correspondant est *Sith*. Ce mauvais génie domine l'ignorance, il pousse à l'erreur et façonne les idées préconçues. Il domine aussi les préjugés. Il engendre les difficultés de l'apprentissage et donc les problèmes avec les examens. Sous son influence l'Homme à une attitude hautaine, et souffre de complexes de supériorité et d'infériorité, ainsi, il recherche et utilise la Connaissance à des fins personnelles tout en rejetant l'apprentissage classique. Il incite les constructions mentales erronées.

SCEAU ANGÉLIQUE

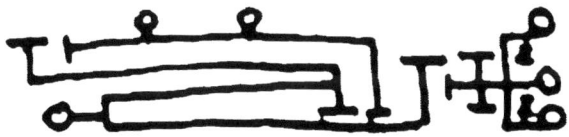

PSAUME

Lat *(30 : 15)* : " *Ego autem in te speravi Domine dixi Deus meus es tu.* "

Fra *(31 : 15)* : " *Mais moi, je me confie en toi, Éternel ! Je dis : « Tu es mon Dieu ! ».* "

ÉLÉMENTS ASSOCIÉS

ASTRES : ♄ Saturne et ☉ Soleil.

COULEURS : Bleu pâle et rouge corail.

PIERRE : *Fluorine* (ou *fluorite*), de couleur violette. Elle aide à la concentration et à la réflexion cartésienne. Elle rationalise nos pensées et favorise les démarches logiques. Pierre de la créativité et de l'imaginaire, elle équilibre le plan spirituel et le plan physique, et elle est aussi un excellent outil pour la télépathie.

MÉLANGE D'ENCENS & PLANTES : Un volume de *Benjoin rouge*. Poudre de baies de *Genévrier* et aiguilles de *Pin*.

YÉIAYEL - 22

" La droite de Dieu "

Son nom hébreu est *Yoyoyo* ou *Yeyaï*.

Y*iyel* ou *Ieiaiel, Yeiaiel, Yeiayel, Teiaiel* ou *Yeyaiel*, est un Ange prophète soit *" Ange du Futur "*. Visionnaire, Il apporte le témoignage d'un nouveau monde à venir. Source de Lumière, il permet l'extériorisation au sens bouddhique.

Il apporte la renommée et favorise la philanthropie. Il pousse aux activités politiques, artistiques et scientifiques. Il incite à avoir une grande générosité et encourage la bonté. Il permet d'obtenir la fortune ou la prospérité, si l'Homme en question est un altruisme. Cet Ange permet également de faire des découvertes surprenantes.

⁂

Son Ange contraire est *Syth*. Ce génie domine sur la piraterie, les corsaires et pirates, bandits et brigands, ainsi que sur les esclaves et les prisonniers. Il influence les expéditions maritimes. Il incite à la mégalomanie. Sous cette influence l'Homme est un manipulateur et cherche la compétition. Sous son influence, l'Homme se sent non reconnu et il désire ainsi être riche et célèbre. La difficulté à se reconnaître soi-même incite alors à l'avidité et à l'orgueil, à une vie déséquilibrée.

SCEAU ANGÉLIQUE

PSAUME

Lat *(120 : 5)* : " *Dominus custodit te Dominus protectio tua super manum dexteram tuam.* "

Fra *(121 : 5)* : " *L'Éternel est celui qui te garde, l'Éternel est ton ombre protectrice, il se tient à ta droite.* "

ÉLÉMENTS ASSOCIÉS

ASTRES : ♄ Saturne et ♀ Vénus.

COULEURS : Jaune et rose.

PIERRE : *Pyrite*. Pierre du physique et de l'intellectuel, elle est aussi une pierre très spirituelle. Elle favorise l'organisation, c'est une pierre concrète, constructive et rigoureuse. Excellente pour la mémoire, elle stimule l'intellect, et le sens de la logique.

MÉLANGE D'ENCENS ET PLANTES : Un volume de *Benjoin* rouge. Poudre de fleurs de *Chèvrefeuille* et feuilles de *Patchouli*.

MÉLAHEL - 23
" Dieu qui délivre des maux "

Son nom hébreu est *Melahe* ou *Melah*.

Il permet la connaissance innée par la prière, des vertus et de l'utilisation des plantes. Il domine l'eau et toutes les productions de la terre et les plantes nécessaires à la guérison des maladies. Par invocation, il soutient l'obtention de guérison. Il nous fait prendre conscience de nos dons intérieurs qu'il suscite et met en évidence. Il influence les médecins, guérisseurs, pharmaciens, naturopathes et autres herboristes.

Il soutient les dons pour les sciences naturelles. Il incite l'humain à connaître les propriétés des plantes médicinales. Ange pacifiste et apaisant, il est la connaissance de tous les cycles et étapes de la chaîne naturelle. Il permet la maîtrise de nos émotions, et favorise la faculté à s'adapter à toute situation. La protection de l'environnement, le respect de la nature est le chemin des initiés aux secrets des forces de la nature.

❖

Son Ange correspondant est *Chumis*. Ce génie influence sur tout ce qui est nuisible à la végétation. Il favorise les maladies graves, la peste, la médecine sans conscience. Il influence la pollution nuisible à la végétation et à l'environnement. Il est le patron de l'agriculture et de la nourriture artificielle, et des influences polluantes.

SCEAU ANGÉLIQUE

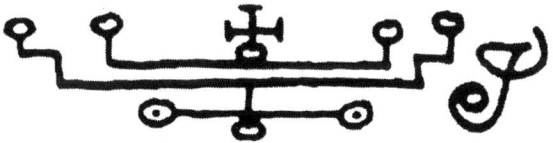

PSAUME

Lat *(120 : 8)* : " *Dominus custodiat introitum tuum et exitum tuum ex hoc nunc et usque in saeculum.* "

Fra *(121 : 8)* : " *L'Éternel gardera ton départ et ton arrivée dès maintenant et pour toujours.* "

ÉLÉMENTS ASSOCIÉS

ASTRES : ♄ Saturne et ☿ Mercure.

COULEURS : Jaune et Vert.

PIERRE : *Calcédoine*, de couleur grise laiteuse bleutée. Pierre positive, elle favorise les émotions paisibles. Elle apaise aussi le chagrin. Pierre de la douceur, elle chasse l'irritabilité ou l'agressivité, et calme lorsque nous sommes agités.

MÉLANGE D'ENCENS ET PLANTES : Un volume de *Benjoin* rouge. Poudre de *Menthe* et *Pomme*.

HAHÉUIAH - 24
" Dieu bon par lui-même, et protecteur "

Son nom hébreu est *Cheheva* ou *H'ahou*.

*H*ahiuiah ou *Hahéuiah*, à la responsabilité de servir le *Créateur*. Protecteur des Princes, il fait rayonner la volonté du *Très-Haut*. Il permet de retrouver le père et la mère cosmique. Il avantage les sentiments profonds dans son action positive. Il est l'intuition dans la joie. Sous son invocation, nous pouvons obtenir la miséricorde de *Dieu*, et il permet d'échapper à la justice humaine. Protège des animaux nuisibles.

Il avertit en cas de danger et protège les exilés et les immigrés. Il protège aussi contre les voleurs et les assassins, et contre les sortilèges et les maléfices. Il met fin aux périodes difficiles.

✳

Son Ange contraire est *Thuimis*. Il domine les êtres nuisibles, il incite les Hommes à commettre des crimes, et influence tous ceux qui cherchent à vivre par des moyens illicites. Cet Ange contraire excite le sentiment de vengeance et influence les Hommes à fuir devant ses responsabilités. Il favorise la froideur émotionnelle, avec lui nous récoltons les fruits de la violence et vivons de moyens illicites nous plongeant comme victime avec la rigidité judiciaire du monde physique.

SCEAU ANGÉLIQUE

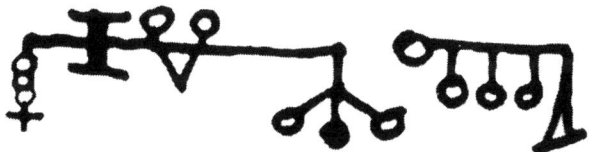

PSAUME

Lat *(32 : 18)* : " *Ecce oculi Domini super metuentes eum qui sperant super misericordia eius.* "

Fra *(33 : 18)* : " *Mais le regard de l'Éternel est sur ceux qui le craignent, sur ceux qui espèrent en sa bonté.* "

ÉLÉMENTS ASSOCIÉS

ASTRES : ♄ Saturne et ☽ Lune.

COULEURS : Jaune et Indigo.

PIERRE : *Fluorine* (*fluorite*), de couleur bleue. Pierre des scientifiques, elle organise les pensées vers le rationnel. Elle favorise la logique et la créativité, et structure l'imaginaire.

MÉLANGE D'ENCENS ET PLANTES : Un volume de *Benjoin* rouge. Poudre de *Romarin* et *Santal* rouge.

Nithhaiah - 25

" Dieu qui donne avec sagesse "

❦

Son nom hébreu est *Nuthahe* ou *Netah*.

*N*ilaihah, *Nith-Haiah* ou *Nithhaiah*, est un Ange poète. Il permet de prendre conscience de la réalité spirituelle au travers de nos rêves. L'Ange fera les révélations demandées avant de s'endormir. Il est l'Ange des sciences occultes et de ses praticiens, et délivre des prophéties. Il exerce son influence sur les Hommes sages aimant la paix et la solitude.

Ange porteur de la Sagesse et de l'amour suprême, il délivre la compréhension de la notion du temps, et permet la découverte des mystères cachés de la Création. Sous son influence l'Homme à un charisme éminemment spirituel et très calme, souhaitant le bien-être et le bonheur d'autrui.

※

Son Ange correspondant est *Charcumis*. Il domine la magie noire, en faisant un pacte avec lui on s'engage à renoncer à Dieu, à faire du mal aux Hommes, aux animaux, et aux produits de la terre. Il favorise la sagesse illusoire, rendant l'Homme prêt à tout pour atteindre ses buts, à croire aux faux pouvoirs spirituels ou à l'athéisme. Il favorise le malheur, le désespoir et l'égocentrisme chez les humains, nous poussant à l'encontre du Destin et des Lois Universelles.

SCEAU ANGÉLIQUE

PSAUME

Lat *(9 : 2)* : " *Confitebor tibi Domine in toto corde meo narrabo omnia mirabilia tua.* "

Fra *(9 : 2)* : " *Je te louerai, Éternel, de tout mon cœur, je raconterai toutes tes merveilles.* "

ÉLÉMENTS ASSOCIÉS

ASTRES : ♃ Jupiter et ♅ Uranus.

COULEURS : Indigo et Bleu.

PIERRE : *Quartz rose*. Pierre de la douceur et de la tendresse, elle favorise la paix intérieure, le retour à la spiritualité. Elle soulage les blessures affectives, et aide à s'aimer, elle fait rayonner l'amour vers soi et les autres.

MÉLANGE D'ENCENS ET PLANTES : Un volume de *Benjoin* blanc. Poudre de fleurs de *Magnolia* et aiguilles de *Pin*.

HAAIAH - 26

" Dieu caché, et qui harmonise "

Son nom hébreu est *Heaaaa* ou *Haia*.

Ange de l'ordre des *Dominations*, il est le patron des ambassadeurs. *Haaiah* règne sur la diplomatie, et facilite les initiations aux hautes sciences de la connaissance. Il met en application dans son action quotidienne, la loi du ciel en même temps que les lois terrestres. Il aide pour gagner les procès et pour rendre les juges favorables. Il protège tous ceux qui cherchent la vérité, et porte à la contemplation des choses divines.

Cet Ange guide l'Homme dans sa faculté à garder et à gérer les secrets. Sous son influence, le sens de l'organisation et de la famille prédomine. Il favorise la cohabitation pacifique, la capacité à s'adapter à toute situation, et permet de savoir comment se comporter lors de situations ambiguës. Il encourage à être un créateur d'ambiances positives.

⚜

Son Ange contraire *Aphruimis*. Ce génie domine les traîtres, les ambitieux et favorise les conspirations. Il incite à l'égocentrisme et aux problèmes familiaux et sociaux. Sous son influence l'Homme fuit ses responsabilités dans un désir de pouvoir et de gloire terrestres, et impose son point de vue sans écouter les autres. Ce génie favorise les complexes narcissiques.

SCEAU ANGÉLIQUE

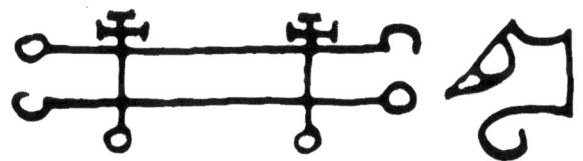

PSAUME

Lat *(118 : 145)* : " *Cof clamavi in toto corde exaudi me Domine iustificationes tuas requiram.* "

Fra *(119 : 145)* : " *Je fais appel à toi de tout mon cœur. Réponds-moi, Éternel, afin que je garde tes prescriptions !* "

ÉLÉMENTS ASSOCIÉS

ASTRES : ♃ Jupiter et ♄ Saturne.

COULEURS : Pourpre et Bleu.

PIERRE : *Magnétite*. Pierre en lien avec la *Terre-Mère*, d'où elle véhicule son magnétisme. Elle permet de soigner les blessures du corps éthérique. Elle permet aussi de retrouver notre chemin lorsque nous sommes spirituellement égarés.

MÉLANGE D'ENCENS ET PLANTES : Un volume de *Benjoin* blanc. Poudre de fleurs d'*Oranger* et zestes d'*Orange*.

YÉRATEL – 27

*" Dieu de la confiance,
et qui punit les méchants "*

————— ❀ —————

Son nom hébreu est *Yoretha* ou *Yrath*.

*I*erathel ou *Yeratel*, *Terathel* ou *Terather*, est un Ange de l'ordre des *Dominations*. Cet Ange propage la *" Lumière Divine "*. Il gouverne les civilisations, et est porteur de la liberté. Par transmission de la parole de l'Ange, il nous protège des provocateurs, et nous délivre de nos ennemis.

Source d'énergie inépuisable cet Ange permet l'enseignement par la parole et l'écriture, il libère des calomnies et des intentions malveillantes. Il libère aussi certains cas de possession. Son influence permet de disperser la confusion entre les Hommes.

✦

Son Ange correspondant est *Hépê*. Ce génie contraire domine l'ignorance et la naïveté, il incite à la soumission, à la servitude et l'esclavagisme, et favorise le fanatisme et le sectarisme. Il soutient l'intolérance. Sous son influence l'humain manque de confiance en soi ou d'estime de soi, engendrant des problèmes avec son Ego. Il manque alors aussi de concentration, de focalisation et de sagesse. Ce génie incite les Hommes à vouloir plaire à tout le monde, à être prêt à tout pour avoir du succès. Il favorise les sciences et les arts destructifs.

SCEAU ANGÉLIQUE

PSAUME

Lat *(139 : 2)* : " *Eripe me Domine ab homine malo a viro iniquo eripe me.* "

Fra *(140 : 2)* : " *Éternel, délivre-moi des hommes méchants, préserve-moi des hommes violents !* "

ÉLÉMENTS ASSOCIÉS

ASTRES : ♃ Jupiter.

COULEURS : Rose et Or.

PIERRE : *Quartz Morion* (*enfumé*). Pierre de l'ouïe et de l'odorat, elle éclaire la vue et nous fait prendre conscience de la vie. Elle chasse les idées noires et elle aide contre la dépression. Il développe la lucidité, aide à la réflexion et à l'ouverture aux autres.

MÉLANGE D'ENCENS ET PLANTES : Un volume de *Benjoin* blanc. Poudre de racines de *Sasafras* et fleurs de *Jasmin*.

SÉHÉIAH - 28

*" Dieu de la vie éternelle,
et qui guérit les malades "*

———————— ❀ ————————

Son nom hébreu est *Shiaahe* ou *Shah*.

L'Ange *Sehehiah* ou *Seehiah*, a le pouvoir d'accorder une longue vie. Il permet d'améliorer la santé de ceux qui l'invoquent. D'inspirations salvatrices et providentielles, il aide à lutter contre la fatigue et la maladie. Cet Ange a le pouvoir de nous protéger des accidents, des incendies et de la foudre.

Cet Ange accorde une protection providentielle, il accorde également la Sagesse par la voie de l'examen de nos expériences vécues. Il aide à développer notre capacité d'appréhension, en stimulant notre intuition, nos pressentiments. Il incite l'Homme à être prudent, et soutient notre capacité à prévoir les événements.

❀

Son Ange correspondant est nommé *Sithacer*. Ce génie domine sur les catastrophes et les accidents. Il cause les apoplexies et frappe avec violence. Il influence les personnes qui ne réfléchissent jamais avant d'agir, il avantage les inquiétudes profondes, poussant l'Homme à la peur du changement et de la mort, à la peur du futur et à toujours être inquiet et préoccupé pour les autres. Il pousse aux actions irréfléchies et à l'étourderie, il provoque la paralysie intérieure et extérieure.

SCEAU ANGÉLIQUE

PSAUME

Lat *(70 : 12)* : " *Deus ne elongeris a me Deus meus in adiutorium meum respice.* "

Fra *(71 : 12)* : " Ô Dieu, ne t'éloigne pas de moi ! Mon Dieu, viens vite à mon secours ! "

ÉLÉMENTS ASSOCIÉS

ASTRES : ♃ Jupiter et ♂ Mars.

COULEURS : Magenta et Pourpre.

PIERRE : *Jaspe*, de couleur rouge. Pierre de la convivialité, elle stimule les attributs mâles et régule le système vital des femmes. Elle favorise l'action, rend l'esprit vif et améliore notre talent de persuasion. Favorise le langage.

MÉLANGE D'ENCENS ET PLANTES : Un volume de *Benjoin* blanc. Poudre de fleurs et fruits du *Gardénia*.

REIYEL - 29

" Dieu libérateur, et prompt à secourir "

❦

Son nom hébreu est *Reyoyo* ou *Reyi*.

L'Ange *Reiiel* ou *Reiyel*, permet la progression matérielle et spirituelle pour faire connaître la vérité du monde. Il est invoqué en protection contre la jalousie, les calomnies, et les fausses insinuations. Par invocation, il permet également de nous délivrer des ennemis visibles et invisibles.

Il nous pousse à aimer les grands espaces et la nature en général. Il libère du mal et des sortilèges, et permet l'amélioration de nos vies par la méditation et l'étude du Soi. Il incite l'Homme à la recherche de la Vérité et au détachement matériel. Sous son influence, le travail sera inspiré par le Divin et réalisé avec une conscience supérieure.

⚜

Son Ange contraire est *Phupé*. Ce génie domine le fanatisme et l'hypocrisie, il influence tous ceux qui propagent l'athéisme ou l'irréligion par des écrits et des maximes dangereuses. Il engendre l'impiété dans les cœurs des Hommes et le manque de liberté à différents niveaux. Il incite à être trop aérien ou trop terre-à-terre, et propage de fausses idées. Il pousse à être en opposition avec les réalisations altruistes.

SCEAU ANGÉLIQUE

PSAUME

Lat *(53 : 6)* : " *Ecce enim Deus adiuvat me Dominus susceptor animae meae.* "

Fra *(54 : 6)* : " *Mais Dieu est mon secours, le Seigneur est le soutien de ma vie.* "

ÉLÉMENTS ASSOCIÉS

ASTRES : ♃ Jupiter et ☉ Soleil.

COULEURS : Violet pâle et Or.

PIERRE : *Rubis,* couleur rouge sang. Pierre matérialiste, elle est symbole pouvoir, elle favorise la force et le courage. Elle rapporte au réalisme les personnes rêveuses. Elle permet de surmonter les soucis quotidiens.

MÉLANGE D'ENCENS ET PLANTES : Un volume de *Benjoin* blanc. Poudre de feuilles et rhizome de *Fougère,* et *Santal* blanc.

OMAËL - 30
" Dieu patient, et qui multiplie "

⸙

Son nom hébreu est *Aavame* ou *Avam*.

Cet Ange a pour charge de multiplier les espèces vivantes, de perpétuer les races. Patron des chimistes et alchimistes, médecins et chirurgiens, *Omaël* est la connaissance du fonctionnement du corps humain, et du fonctionnement des forces de l'univers. Il amène aussi la connaissance de l'Unité de tout en tout.

Sous son influence, l'Homme a le sens de ses responsabilités. Ange de la fécondité, il est également le protecteur des femmes enceintes. Il favorise l'épanouissement et la joie chez les personnes, et il permet, par la prière, la redécouverte de l'enfant intérieur caché ou oublié.

⸙

Son Ange contraire est *Phuonisié*. Ce génie est l'ennemi de l'expansion des êtres vivants, il favorise les " phénomènes monstrueux ". Il incite l'Homme à rechercher le succès superficiel, à avoir une philosophie de vie matérialiste. Ce génie engendre la stérilité, il favorise les échecs répétitifs, la pauvreté. Il incite les actes d'euthanasie et il est porteur de mort. Il est aussi l'ange des mauvaises récoltes.

Sceau Angélique

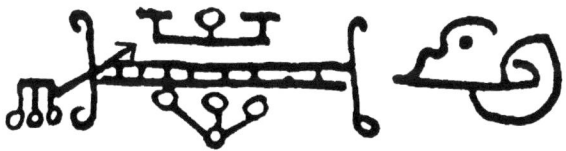

Psaume

Lat *(70 : 5)* : " *Quoniam tu es patientia mea Domine Domine spes mea a iuventute mea.* "

Fra *(71 : 5)* : " *Car tu es mon espérance, Seigneur, Éternel, l'objet de ma confiance depuis ma jeunesse.* "

Éléments associés

Astres : ♃ Jupiter et ♀ Vénus.

Couleurs : Bleu clair et Or.

Pierre : *Grenat rhodolite*, de couleur rouge magenta, à rouge violacé. Cette pierre combat les empoisonnements, elle donne force et courage. Généreuse, elle compense le vide spirituel. Elle chasse la mélancolie et ramène les pieds sur terre des personnes rêveuses.

Mélange d'Encens et Plantes : Un volume de *Benjoin* blanc. Poudre de feuilles de *Sauge*.

LECABEL - 31
" Dieu qui inspire "

❦

Son nom hébreu est *Lacabe* ou *Lekav*.

L'Ange *Lecabel* est le gouverneur contrôlant le règne végétal et l'agriculture. Alchimiste dans les cieux, il est aussi le patron de ces praticiens. Il permet la compréhension des mondes immatériels. Il est invoqué pour obtenir l'illumination intérieure.

Sous son influence les personnes ont du talent pour résoudre les énigmes de la Vie. Les Hommes recherchent de l'ordre à tous les niveaux. Cet Ange permet de maîtriser ses émotions par la raison, et pousse à l'étude des sciences exactes. Il favorise les idées lumineuses et génératrices d'abondance.

❁

Son Ange correspondant est *Tomi*. Ce génie domine l'avarice et la corruption. Il influence tous ceux qui s'enrichissent par des moyens illicites. Ce génie influence l'Homme qui manque de talent, le poussant dans la frustration et le confortant dans le fait qu'il n'y arrive pas. Il déclenche les insécurités qui poussent les personnes à être obsédées par le succès, à être malhonnêtes, avares. Il incite les Hommes à essayer de forcer le Destin, en les poussant par exemple à être des joueurs compulsifs, ou en les poussant à la mauvaise utilisation de leur capital et de leurs ressources.

SCEAU ANGÉLIQUE

PSAUME

Lat *(70 : 16)* : " *Introibo in potentiam Domini Domine memorabor iustitiae tuae solius.* "

Fra *(71 : 16)* : " *Je raconterai tes hauts faits, Seigneur Éternel, je rappellerai ta justice, la tienne seule.* "

ÉLÉMENTS ASSOCIÉS

ASTRES : ♃ Jupiter et ☿ Mercure.

COULEURS : Bleu pâle et Pourpre.

PIERRE : *Pierre de Lune* (*hécatolite* ou *adulaire*), de couleur incolore avec reflets bleutés. Pierre de réconciliation, elle favorise le bonheur conjugal. Elle stimule l'esprit et permet les rêves prémonitoires. Très spirituelle, elle nous détache des tendances matérialistes. Elle régule notre dualité, le principe féminin masculin, le yin et le yang.

MÉLANGE D'ENCENS ET PLANTES : Un volume de *Benjoin* blanc. Poudre de fleurs d'*Hibiscus* et *Ambre gris*.

VASARIAH - 32

" Dieu juste, et clément "

Son nom hébreu est *Vashire* ou *Veshar*.

L'Ange *Vasariah* ou *Vasahreeyah*, *Variariah* ou *Vasiariah*, est l'Ange qui gouverne la noblesse, les magistrats et les avocats. Ange de la justice, il amène la connaissance de la Justice Divine aux Hommes. Par invocation, il facilite l'illumination du For intérieure. Avec *Vasariah*, on parlera avec beaucoup de facilité, il rend les personnes aimables et très spirituelles.

Il excite notre capacité à pardonner, et apporte la sagesse qui aide à réfléchir pour trouver des solutions. Il incite les Hommes à être plus modeste et aimable entre eux. Il apporte la compréhension du sens de l'épreuve. Lorsqu'il est prié, il aide à se libérer du sentiment de culpabilité, et il offre le don du *" pardon naturel "*. Cet Ange protège les personnes à la mentalité généreuse.

✽

Son Ange contraire est *Thumis*. Ce génie domine toutes les mauvaises qualités du corps et de l'âme. Sous son influence l'Homme manque de clémence et à de la difficulté à pardonner, il manque de bonté. Favorisant la culpabilité, l'Homme fuit face à ses responsabilités, et a de la difficulté à discerner le bien du mal, il se focalise sur les mauvais souvenirs, le rendant orgueilleux.

SCEAU ANGÉLIQUE

PSAUME

Lat *(32 : 4)* : " *Quia rectum est verbum Domini et omnia opera eius in fide.* "

Fra *(33 : 4)* : " *Car la parole de l'Éternel est droite et toute son œuvre s'accomplit avec fidélité !* "

ÉLÉMENTS ASSOCIÉS

ASTRES : ♃ Jupiter et ☽ Lune.

COULEURS : Bleu pâle et Bleu.

PIERRE : *Saphir*, de couleur bleue soutenue. C'est une pierre spirituelle, elle aide au développement des facultés extra-sensorielles. Elle favorise la créativité et combat l'insomnie.

MÉLANGE D'ENCENS ET PLANTES : Un volume de *Benjoin* blanc. Poudre de *Myrrhe* et poudre de fleurs de *Chèvrefeuille*.

YÉHUIAH - 33

" Dieu initiateur, et qui connaît toutes choses "

Son nom hébreu est *Yocheva* ou *Ye'hou.*

Iehuiah ou *Yehuiah,* est le prince du pouvoir royal dans les cieux, et il est l'un des protecteurs des Princes humains. Avec cet Ange, la nature intérieure sera illuminée par l'action. Invoqué principalement pour connaître les traîtres et nos ennemis, il nous aidera à détruire leurs projets machiavéliques susceptibles de nous atteindre. Il serait un Ange, non pas de genre, mais d'apparence féminine.

Il apporte à l'Homme la capacité de créer un esprit d'équipe et de travailler en collaboration. Son influence développe la faculté de comprendre globalement la structure d'une réalité. Il incite à la reconnaissance et la confiance. Cet Ange soutient les personnes aux initiatives altruistes, il donne lieu à des découvertes scientifiques.

⁂

Son Ange correspondant est *Ouestucati.* Ce génie domine tous les êtres désobéissants et les rebelles, il incite les perturbateurs à la révolte, où l'Homme impose sa volonté et sa présence propre. Sous son influence l'Homme manque aussi de fermeté et de morale pour faire ce qui est juste. Ce génie favorise les problèmes d'Ego, les sentiments de supériorité et d'infériorité.

SCEAU ANGÉLIQUE

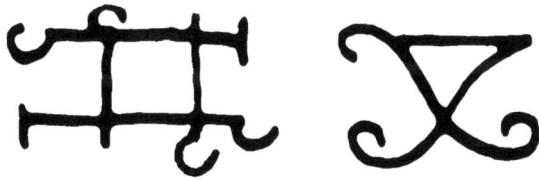

PSAUME

Lat *(93 : 11)* : " *Dominus scit cogitationes hominum quoniam vanae sunt.* "

Fra *(94 : 11)* : " *L'Éternel connaît les pensées de l'homme : il sait qu'elles sont sans valeur.* "

ÉLÉMENTS ASSOCIÉS

ASTRES : ♂ Mars et ⚥ Uranus.

COULEURS : Magenta et Rouge.

PIERRE : *Rhodochrosite*, de couleur rose pâle. Elle recentre l'esprit et permet d'être apaisé. Elle régule les problèmes de jalousie, permet l'harmonisation et les rééquilibrages. Elle chasse le stress.

MÉLANGE D'ENCENS ET PLANTES : Un volume de *Galbanum*. Poudre de feuilles et fleurs de *Basilic*, et fleurs de *Violette*.

Lehahiah - 34

" Dieu clément, et de l'obéissance "

Son nom hébreu est *Laheche* ou *Lea'h*.

*L*ehaiah ou *Lehahiah*, est le protecteur des têtes couronnées, des princes et des nobles. Il est invoqué contre la colère, et pour obtenir la paix et l'harmonie. Il permet la résolution des situations difficiles, par réception dans les rêves, et apporte les inspirations du monde invisible.

Sous son influence, l'Homme est un fidèle serviteur, il est discipliné et a le sens de l'ordre. Cet Ange incite à la loyauté, au dévouement et aux actions altruistes. Sous son autorité les Hommes consacrent leur vie au service d'un ordre. Les personnes sont à l'aise même dans l'ambiguïté. Il permet d'accepter la rigueur de notre destinée sans protester.

⚜

Son génie contraire est *Thopitus*, il domine sur la discorde, il provoque la guerre, les trahisons, et la ruine des nations. Sous son influence les Hommes ont des problèmes avec l'autorité. Ce génie incite les personnes à être déloyales, non fiables, et en qui l'on ne peut pas avoir confiance. Il incite l'Homme à avoir un esprit compétitif, afin de contredire les choses, pour avoir raison, et cachant certainement une frustration. Il pousse à la traîtrise et encourage l'absence de réceptivité.

SCEAU ANGÉLIQUE

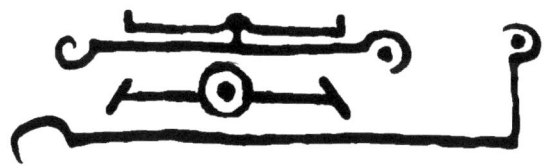

PSAUME

Lat *(30 : 3)* : " *Speret Israhel in Domino ex hoc nunc et usque in saeculum.* "

Fra *(131 : 3)* : " *Israël, mets ton espoir en l'Éternel dès maintenant et pour toujours !* "

ÉLÉMENTS ASSOCIÉS

ASTRES : ♂ Mars et ♄ Saturne.

COULEURS : Indigo et Pourpre.

PIERRE : *Quartz* (*Cristal de Roche*) de couleur incolore. Cette pierre de lumière éloigne les ténèbres. Pierre d'une absolue neutralité, elle peut être employée universellement, pour tous les usages. Elle est un puissant amplificateur et peut être utilisé en association avec toutes les pierres.

MÉLANGE D'ENCENS ET PLANTES : Un volume de *Galbanum* et un volume de *Myrrhe*. Poudre de fleurs et fruits d'*Aubépine*.

CHAVAQUIAH - 35

" Dieu qui donne la joie,
et qui réconcilie "

Son nom hébreu est *Cavako* ou *Kevaq*.

*C*havaquiah ou *Chavakiah* et *Khavaquiah*, est un Ange de l'ordre des *Puissances*, il domine sur les testaments, les successions et tous les partages amiables. Par invocation, il permet l'obtention de dons et de pouvoirs par la Grâce, l'âme brillera et attirera l'attention des êtres spirituels. Il entretient la paix et l'harmonie dans les familles.

Il fait prendre conscience à l'Homme le sens sacré des liens familiaux. Cet Ange a la capacité à faire émerger la " Sagesse ancestrale " qui permet de rapprocher les êtres entre eux, de renouer des liens quels qu'ils soient. La vraie loyauté sera récompensée.

⚜

Son Ange contraire est *Aphoso*, génie qui cause la discorde dans les arrangements de familiaux, il provoque les procès injustes et ruineux. Sous son influence, l'Homme essaie de contrôler les autres, il favorise les problèmes en lien avec des traditions familiales anciennes. Génie du mariage forcé, il engendre la dépendance émotionnelle et matérielle, il favorise l'absence de liens et incite à l'égoïsme. Il est aussi nommé " Génie des maladies héréditaires ".

SCEAU ANGÉLIQUE

PSAUME

Lat *(114 : 1)* : " *Alleluia dilexi quoniam exaudiet Dominus vocem orationis meae* "

Fra *(116 : 1)* : " *J'aime l'Éternel, car il entend ma voix, mes supplications.* "

ÉLÉMENTS ASSOCIÉS

ASTRES : ♂ Mars et ♃ Jupiter.

COULEURS : Bleu pâle et Orange.

PIERRE : *Schorl* ou *Schorlite* (*Tourmaline noire*). Pierre de méditation, elle permet l'enracinement profond à la terre, elle recentre la conscience et l'esprit, elle empêche de sombrer dans la folie, et elle chasse toutes les influences négatives extérieures. Protège de la foudre.

MÉLANGE D'ENCENS ET PLANTES : Un volume de *Galbanum*. Poudre de grains de *Cumin* et *Ambre gris*.

MENADEL - 36
" Dieu adorable, et du travail "

❀

Son nom hébreu est *Menuda* ou *Menad*.

Il permet aux exilés de retrouver leur pays. Invoqué pour garder son emploi, il permet l'obtention des richesses intérieures et extérieures. Il facilite la communication avec les êtres spirituels proches et éloignés. Il permet de retrouver les biens perdus.

Menadel le *" Contremaître de l'Usine Divine "* procure aux Hommes les moyens de subsistance. Il permet le travail intérieur et procure la volonté pour se mettre au travail s'il est prié. Il favorise la récupération de son propre potentiel, il permet aussi de conserver les moyens d'existence que l'on possède spirituellement et matériellement.

✣

Son Ange correspondant est *Aphut*. Ce génie protège tous ceux qui cherchent à fuir à l'étranger pour échapper à la justice. Sous son influence l'Homme fait son travail pour être aimé, ou vit uniquement pour son travail. Il favorise la philosophie de vie matérialiste. Ce génie incite les Hommes à essayer de forcer ou de défier le Destin, en les poussant dans la recherche insatiable de gloire personnelle. L'Homme fait ainsi son travail pour être aimé, tout en évitant les responsabilités.

SCEAU ANGÉLIQUE

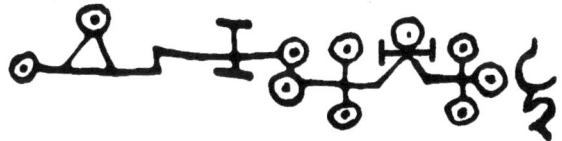

PSAUME

Lat *(25 : 8)* : " *Domine dilexi decorem domus tuae et locum habitationis gloriae tuae.* "

Fra *(26 : 8)* : " *Éternel, j'aime la maison où tu résides, le lieu où ta gloire habite.* "

ÉLÉMENTS ASSOCIÉS

ASTRES : ♂ Mars.

COULEURS : Rouge ou Orange corail et Rose.

PIERRE : *Cornaline* (*Sardoine*), de couleur rose clair à rouge et orange vif. Pierre d'apaisement, elle absorbe l'énergie et est utile à la concentration. Pierre de la procréation, elle dénoue les blocages causant l'impuissance et la frigidité. Elle dissipe les pensées perturbatrices.

MÉLANGE D'ENCENS ET PLANTES : Un volume de *Galbanum*. Poudre de *Gingembre* et extrait de *Vanille*.

ANIEL - 37

" Dieu des vertus, et des changements "

───────── ❄ ─────────

Son nom hébreu est *Aanuyo* ou *Ani*.

L'Ange *Aniel* est aussi connu sous le nom d'*Anihiel*, *Ta'Aniel* ou *Aniyel*, *Anauel* ou *Annauel*, mais encore *Annael* ou *Anael*, *Anaphiel* ou *Anafiel*, *Aufiel* ou *Auphiel*, *Aupiel* ou *Anpiel*. Cet Ange Gardien contrôle les royaumes et les monarques terrestres. Il est l'Ange de *" l'étoile de l'Amour "* (*étoile du soir ou du berger, ou de Vénus*). Par invocation, il permet d'accéder à la connaissance de sa mission dans la vie. Il est le gardien des clefs des portes célestes, et prince de l'eau. Il est chargé de la protection des oiseaux. Il transmet et couvre toutes les prières qui montent de la terre au ciel.

Il permet la compréhension de la Loi du karma, notamment du fait que l'on attire, ce que l'on est, et que l'on récolte ce que l'on sème. Il aide au changement de mentalité, aide à purifier la mémoire négative et toute forme de dépendance ou d'asservissement.

❀

Son Ange contraire est *Souchoë*. Il domine sur les esprits pervers, et influence les charlatans et tous ceux qui excellent dans l'art de tromper les Hommes. Il incite à vivre dans le passé, à avoir une philosophie matérialiste ou une mentalité trop terre-à-terre, à ignorer la Loi du karma, et à favoriser toutes sortes de dépendances.

SCEAU ANGÉLIQUE

PSAUME

Lat *(79 : 8)* : " *Deus virtutum converte nos et ostende faciem tuam et salvi erimus.* "

Fra *(80 : 8)* : " *Dieu de l'univers, relève-nous ! Fais briller ton visage, et nous serons sauvés !* "

ÉLÉMENTS ASSOCIÉS

ASTRES : ♂ Mars et ☉ Soleil.

COULEURS : Vert et Rouge.

PIERRE : *Tourmaline rose* (*Rubellite*), de couleur rose à rouge clair. Pierre dynamisante, elle apporte beaucoup d'énergie, elle permet de réamorcer les centres d'énergies noués suite à une blessure sentimentale. Cette pierre d'un raffinement extrême favorise l'extériorisation des sentiments, c'est une pierre vivifiante et d'énergie joyeuse.

MÉLANGE D'ENCENS ET PLANTES : Un volume de *Galbanum*. Poudre de *Gingembre* et fleurs de *Violette*.

Haamiah - 38

" Dieu des offrandes,
et de l'espérance de toutes les créatures "

———— ✺ ————

Son nom hébreu est *Heeame* ou *H'âm*.

Cet Ange gouverne tous les cultes religieux, et protège tous ceux qui cherchent la Vérité. Par invocation, il apporte connaissance et sagesse, il permet d'acquérir toutes les richesses du ciel et de la terre, la connaissance de l'Univers. Il permet aussi le travail matériel au service du Divin.

Sous son influence l'Homme possède le sens des rituels et des préparations, il aime alors faire des choses par exemple : préparer des repas ou s'occuper d'autrui. Cet Ange favorise la beauté, l'harmonie et la paix. Il donne l'habileté à conduire sa vie dans le monde, à avoir du " savoir-vivre ". Il permet de dissoudre la violence intérieure et extérieure des Hommes.

✺

Son Ange contraire correspond à *Serucuth*. Il domine l'erreur et le mensonge, et influe sur tous ceux qui n'ont aucun principe de religion. Sous son influence l'Homme manque d'implication et est égoïste, il manque cruellement de considération pour les autres. Ces personnes ne connaissent pas la politesse, la gentillesse, ou le savoir-vivre. Ce génie favorise l'absence de spiritualité et incite à croire aux faux concepts spirituels.

SCEAU ANGÉLIQUE

PSAUME

Lat *(90 : 9)* : " *Quoniam tu Domine spes mea Altissimum posuisti refugium tuum.* "

Fra *(91 : 9)* : " *« Oui, tu es mon refuge, Éternel ! » Tu fais du Très-Haut ta retraite ?* "

ÉLÉMENTS ASSOCIÉS

ASTRES : ♂ Mars et ♀ Vénus.

COULEURS : Orange et Indigo.

PIERRE : *Péridot (Olivine ou Chrysolite)*, de couleur verte jaune au vert brunâtre. Pierre de purification, de réharmonisation, elle donne beaucoup d'énergie au corps et à l'esprit. Équilibrante sur le plan des émotions, elle est la gaieté, elle maintient l'équilibre des énergies et défend des influences extérieures négatives. Ne pas combiner avec d'autres pierres, ses capacités seraient imparfaitement modifiées et dominantes sur les autres.

MÉLANGE D'ENCENS ET PLANTES : Un volume de *Galbanum*. Poudre de *Coriandre* et *Ambre gris*.

RÉHAEL - 39

*" Dieu de la réceptivité,
et qui reçoit les pécheurs "*

———— ❀ ————

Son nom hébreu est *Reheea* ou *Rihâ*.

D e l'ordre des *Puissances*, il règne sur la santé et la longévité, et inspire l'obéissance et le respect dû aux parents. Il apporte l'illumination par la lumière Divine lors de visites aux malades *(s'applique aux professionnels de la santé)*. Par invocation, il permet la guérison de maladies et pour obtenir la miséricorde du *Très-Haut*.

Sous son influence l'Homme est d'une grande sensibilité. Cet Ange permet l'ouverture de la conscience générant une compréhension profonde de ce qui nous entoure. Il influe sur notre capacité à écouter les autres. Il incite à l'obéissance et au respect de ce qui est au-dessus. Il favorise la régénération.

✷

Son Ange contraire est *Ptéchout*. Génie le plus cruel et le plus traître qui soit connu, il influence les infanticides et les parricides. Sous cette influence l'Homme a tendance à être trop soumis ou à refuser de se soumettre, il manque de réceptivité et d'ouverture, et a des difficultés à être à l'écoute des autres, à être trop centré sur soi. Il incite à être irrespectueux, sur tous les plans. Il favorise les maladies mentales et les problèmes émotionnels.

SCEAU ANGÉLIQUE

PSAUME

Lat *(29 : 11)* : " *Audivit Dominus et misertus est mei Dominus factus est adiutor meus.* "

Fra *(30 : 11)* : " *Écoute, Éternel, aie pitié de moi ! Éternel, secours-moi !* "

ÉLÉMENTS ASSOCIÉS

ASTRES : ♂ Mars et ☿ Mercure.

COULEURS : Bleu turquoise et Rouge.

PIERRE : *Quartz rose.* Pierre de la douceur et de la tendresse, il favorise la paix intérieure, le retour à la spiritualité. Il soulage les blessures affectives. Il aide à s'aimer, et fait rayonner l'amour vers soi et les autres.

MÉLANGE D'ENCENS ET PLANTES : Un volume de *Galbanum.* Poudre de *Capselle (Bourse-à-Pasteur)* et extrait de *Vanille.*

YÉIAZEL - 40

" Dieu qui réjouit, et du réconfort "

———— ✦ ————

Son nom hébreu est *Yoyoza* ou *Iyaz*.

Yeiazel, *Ieiazel* ou *Teiazel*, influence les Hommes de lettres. Il est le patron des artistes et des libraires. Par invocation, il apporte la compréhension de l'œuvre Divine par la maîtrise de sa vie sentimentale. Il permet de se délivrer de ses ennemis, et d'obtenir des compensations.

Cet Ange restaure et revitalise le corps, il empêche les débordements émotionnels, et aide à maîtriser la passion et les énergies très intenses. Son influence permet de mettre fin à une période d'épreuves ou de situations difficiles. Au sens artistique, il permet le commencement d'une nouvelle création de l'esprit.

✲

Son Ange contraire est *Ater Chinis* et il domine toutes les mauvaises qualités du corps et de l'âme, il influe sur les esprits sombres et ceux qui fuient la société. Sous son influence, l'Homme à de grandes difficultés à réconforter les autres. Ce génie favorise les pensées pessimistes, l'accumulation des problèmes et des périodes difficiles. Il favorise aussi le débordement émotionnel. Il agit principalement sur les artistes, en les incitant dès la naissance à créer des écrits malheureux ou de la musique et d'autres formes d'arts destructeurs.

SCEAU ANGÉLIQUE

PSAUME

Lat *(87 : 15)* : " *Ut quid Domine repellis orationem meam avertis faciem tuam a me.* "

Fra *(88 : 15)* : " *Pourquoi, Éternel, me rejettes-tu ? Pourquoi me caches-tu ton visage ?* "

ÉLÉMENTS ASSOCIÉS

ASTRES : ♂ Mars et ☽ Lune.

COULEURS : Bleu pâle et Or pâle.

PIERRE : *Perle (Nacre)*, de couleurs blanc crème à gris pâle bleuté ou violacé. Douce et apaisante, lunaire et liée à l'eau, féminine, elle est le reflet de soi-même. Elle renforce l'esprit, le sens artistique et la créativité. Elle permet d'équilibrer le corps émotionnel. Elle aide aussi à se reconstruire et à s'enrichir suite à une blessure, en la transfigurant. Elle agît principalement sur les femmes.

MÉLANGE D'ENCENS ET PLANTES : Un volume de *Galbanum* et un volume de *Myrrhe*. Poudre d'*Ortie*.

HAHAHEL - 41

" Dieu en trois personnes, et berger des âmes "

Son nom hébreu est *Hehehe* ou *Hahah*.

*H*ahahel, *Hahael* ou *Haiaiel*, est de l'ordre des *Vertus*, il protège les missionnaires et disciples qui annoncent la parole du *Créateur*. Il enseigne l'œuvre Divine de la Création et l'expose aux mortels. Il domine tout ce qui se rapporte à la piété.

Il apporte à l'Homme la richesse spirituelle. Sous son influence, les personnes ne sont pas attachées au monde des mondanités. Il offre la capacité à faire de grands efforts pour aider et soutenir autrui. Il permet d'accéder à la compréhension du sens et du but de la Vie. Il soutient notre capacité à méditer tout en étant en action. Sous son influence, les Hommes consacrent souvent leur vie au Divin.

⚜

Son Ange contraire est *Chantaré*, il influe sur les apostats, les traîtres, les hérétiques, les ennemis de la spiritualité et sur tous ceux qui déshonorent le sacerdoce par leur conduite. Sous son influence l'Homme à des difficultés à trouver sa mission et à comprendre le sens et le but de son existence. Il incite à une philosophie de vie matérialiste, au manque d'altruisme. Il pousse à convaincre autrui et à s'identifier en tant que martyr, et il favorise les comportements scandaleux.

SCEAU ANGÉLIQUE

PSAUME

Lat *(119 : 2)* : " *Domine libera animam meam a labiis iniquis a lingua dolosa.* "

Fra *(120 : 2)* : " *Éternel, délivre-moi des lèvres fausses, de la langue trompeuse !* "

ÉLÉMENTS ASSOCIÉS

ASTRES : ☉ Soleil et ♅ Uranus.

COULEURS : Bleu et Rose.

PIERRE : *Quartz rutile (Cheveux de Vénus)*, aux reflets dorée, rouge orangé. Pierre de la puissance, de la force et de la résistance, elle fait rayonner notre conscience spirituelle intérieure. Pierre de lumière, elle éloigne les ténèbres. Comme le " *Cristal de Roche* ", elle peut être employée universellement, pour tous les usages. Elle est un puissant amplificateur.

MÉLANGE D'ENCENS ET PLANTES : Un volume d'*Oliban*. Poudre de *Jonquille* et pétales de *Rose*.

MIKAEL - 42

" Semblable à Dieu, Maison et vertu de Dieu "

Ne pas confondre avec l'Archange *Michaël*.

Son nom hébreu est *Meyoca* ou *Miyak*.

Cet Ange influence les décisions des monarques, des nobles et des gouverneurs, et divulgue les conspirations. Par invocation, il permet de voyager en sûreté, il amène aussi la connaissance ésotérique, et la connaissance transcendantale.

Sous son influence l'Homme instaure sur la Terre les Lois du Ciel, il possède le sens de l'organisation sociale et spirituelle. Cet Ange permet d'accéder à la connaissance du bien et du mal, il procure la lucidité et la vision globale. Avec lui, l'Homme est en sécurité et sous protection lors de voyages. *Mikael*, instruit et enseigne pendant la nuit.

Son Ange contraire est *Arpien*. Il domine la malveillance, et tous ceux qui propagent de fausses nouvelles. Il pousse l'Homme à avoir des problèmes politiques et sociaux. Sous cette influence les personnes ont de la difficulté à prévoir et à planifier avec sagesse, et ne donnent pas le bon exemple. Ce génie favorise les gouvernements corrompus et les Hommes profèrent des paroles qui ne correspondent pas à la " Pensée Divine ".

SCEAU ANGÉLIQUE

PSAUME

Lat *(120 : 7)* : " *Dominus custodit te ab omni malo custodiat animam tuam Dominus.* "

Fra *(121 : 7)* : " *L'Éternel te gardera de tout mal, il gardera ta vie.* "

ÉLÉMENTS ASSOCIÉS

ASTRES : ☉ Soleil et ♄ Saturne.

COULEURS : Bleu et Orange.

PIERRE : *Obsidienne*, de couleur noire à gris foncé et brun. Pierre de la nature à l'état brut, elle est protectrice et joue un rôle de puissant bouclier. Elle chasse les illusions. Elle permet de garder un lien avec la terre, et de conjurer les maléfices. Elle est un instrument de fertilité, cette pierre est associée au crâne, au cerveau et au domaine de la pensée.

MÉLANGE D'ENCENS ET PLANTES : Un volume d'*Oliban*. Poudre d'*Angélique Officinale* et extrait de *Vanille*.

VEULIAH - 43

" Dieu d'abondance, et qui domine "

Son nom hébreu est *Vavala* ou *Veval*.

*V*euliah ou *Veualiah*, apporte prospérité aux empires et renforce le pouvoir des rois. Lorsque l'on invoque cet Ange, il permet d'obtenir la réussite matérielle et spirituelle en apportant le bonheur. Il est aussi un Ange purificateur, et un Ange de la paix.

Cet Ange apporte en abondance les sentiments nobles. Sous son influence, l'Homme utilise la prospérité de manière responsable, juste et altruiste. Il permet l'ouverture de conscience qui libère des motivations obscures et des habitudes vicieuses. Sous son influence les Hommes ont la faculté de prévoir et de planifier les choses en avance. Il permet la compréhension du fait que l'on récolte ce que l'on sème.

Son Ange contraire est *Stochêné*. Ce génie met la discorde entre les princes, il influence la destruction des empires, il entretient les révolutions. Il favorise la prospérité artificielle et illusoire, la philosophie matérialiste. Il incite au gaspillage de l'argent et de l'énergie, et pousse à la recherche de paradis artificiels. Il incite l'Homme à penser que l'argent peut tout acheter, le poussant à être aveuglé et à abuser du pouvoir. Il favorise le manque d'amour et de sagesse. Il incite à la mégalomanie et à la destruction de l'environnement.

SCEAU ANGÉLIQUE

PSAUME

Lat *(87 : 14)* : " *Et ego ad te Domine clamavi et mane oratio mea praeveniet te.* "

Fra *(88 : 14)* : " *Et moi, c'est toi, Éternel, que j'appelle au secours. Le matin, ma prière s'adresse à toi.* "

ÉLÉMENTS ASSOCIÉS

ASTRES : ☉ Soleil et ♃ Jupiter.

COULEURS : Violet clair et Vert clair.

PIERRE : *Émeraude*, de couleurs vert jaune à vert bleuté. Pierre du développement physique et intellectuel, elle apporte la paix intérieure et l'harmonie entre les différents plans. Pierre du savoir et de la connaissance, elle avive la mémoire. Cette pierre ne supporte pas la présence d'autres pierres pour travailler.

MÉLANGE D'ENCENS ET PLANTES : Un volume d'*Oliban*. Poudre de *Coriandre*.

YÉLAHIAH - 44

" Serviteur de Dieu, et Dieu éternel "

Son nom hébreu est *Yolahe* ou *Yelah*.

*Y*elahiah, *Ielahiah* ou *Ielahaiah*, est le protecteur des magistrats et décisionnaires dans les procès en justice. Il permet la compréhension du bien et du mal. On l'invoque pour obtenir réussite et victoire, et comme protection contre les armes.

Il incite l'Homme à être tel un guide spirituel. Il influence notre capacité à résoudre les conflits créés par notre comportement. Il est l'Ange des initiations, celui de la franchise, de la Loyauté, du courage et de la bravoure. Il permet, par la prière, de comprendre le fonctionnement des frontières dans les mondes parallèles. Il incite les Hommes à s'aider les uns et les autres.

⚜

Son génie correspondant est *Sentacer*, il influence la guerre, et cause tous les fléaux qui en sont la suite. Il influence tous ceux qui massacrent les prisonniers. Sous son influence, il pousse l'Homme à essayer de contrôler les autres dans une mission diabolique, il pousse les personnes à avoir un comportement agressif et brutal. Il incite également les Hommes à être en infraction avec les lois divines et terrestres, il favorise grandement l'injustice.

SCEAU ANGÉLIQUE

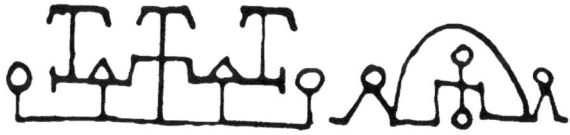

PSAUME

Lat *(118 : 108)* : " *Voluntaria oris mei beneplacita fac Domine et iudicia tua doce me.* "

Fra *(119 : 108)* : " *Accueille favorablement les sentiments que j'exprime, Éternel, et enseigne-moi tes lois !* "

ÉLÉMENTS ASSOCIÉS

ASTRES : ☉ Soleil et ♂ Mars.

COULEURS : Vert et Violet.

PIERRE : *Hématite (Pierre de sang)*, de couleurs gris noir avec éclat métallique. C'est une pierre qui permet d'être à l'écoute de soi et de déceler nos blocages. Elle développe notre faculté à absorber et à surmonter les problèmes. Elle permet d'être plus attentive à la parole des autres si on la porte sur soi. Elle favorise la cicatrisation des blessures grâce à son pouvoir purifiant.

MÉLANGE D'ENCENS ET PLANTES : Un volume d'*Oliban*. Poudre de *Coriandre* et *Ambre gris*.

Sehaliah - 45

" Dieu moteur de toutes choses "

Son nom hébreu est *Saaala* ou *Sal*.

*S*ehaliah ou *Sealiah*, *Seeliah*, *Sealiah* ou *Saeliah*, est l'Ange qui gouverne et contrôle la végétation terrestre. Par invocation, il autorise le jugement de ses proches sur les actes bienfaisants qu'ils sont capables de faire ou de réaliser. Il facilite la guérison, et aide à se ressourcer, à conserver la santé et à développer l'humilité. Il aide à lutter contre l'autoritarisme, et réconforte ceux qui sont humiliés.

Il est l'Ange de la motivation et celui qui incite aux intentions pures. Sous son influence l'Homme retrouve la Volonté et recommence son travail. Cet Ange redonne l'espoir, il exalte la conscience, et permet le retour de l'équilibre de la force vitale. Son nom est aussi porté par un Ange déchu.

✿

Son Ange correspondant se nomme *Sesmê*. Il domine sur l'atmosphère. Il provoque les grandes chaleurs ou les grands froids, les grandes sécheresses ou la trop grande humidité. Il influence les orgueilleux, les vaniteux, et déséquilibre les éléments. Il incite à avoir une vie difficile. Sous son influence, l'Homme à une confiance en soi excessive ou insuffisante, il manque de maîtrise et à tendance à vouloir forcer le Destin.

SCEAU ANGÉLIQUE

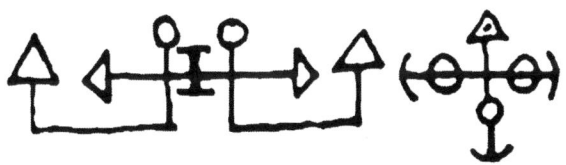

PSAUME

Lat *(93 : 18)* : " *Si dicebam motus est pes meus misericordia tua Domine adiuvabat me.* "

Fra *(94 : 18)* : " *Quand je dis : « Mon pied est en train de glisser », ta bonté, Éternel, me sert d'appui.* "

ÉLÉMENTS ASSOCIÉS

ASTRES : ☉ Soleil.

COULEURS : Magenta et Violet.

PIERRE : *Tourmaline noire (Schorl* ou *Schorlite).* Pierre de méditation, elle permet l'enracinement profond à la terre, elle recentre la conscience et l'esprit, elle empêche de sombrer dans la folie, et elle chasse toutes les influences négatives extérieures. Protège de la foudre.

MÉLANGE D'ENCENS ET PLANTES : Un volume d'*Oliban*. Poudre de fleurs et fruit d'*Aubépine*, et fleurs de *Jasmin*.

ARIEL - 46

" Dieu révélateur, et qui perçoit "

Ne pas confondre avec *Hariel*.

Son nom hébreu est *Eareyo* ou *Ari*.

L'Ange *Ariel* ou *Arael,* est le prince des gens et des oiseaux. Dirigeant des eaux, des vents et grand Seigneur de la terre, il assiste l'Archange *Raphaël* dans la guérison de maladies. Il est la force de vie, et la force de l'être. Par invocation, il permet d'obtenir des biens physiques, et la compréhension de la façon de les utiliser.

Il avantage la possibilité d'éliminer certains soucis. Chargé du châtiment dans les enfers, il contrôle les démons qui cherchent à tenter l'Homme. *Ariel* apporte par les rêves, des révélations, faisant découvrir aux Hommes les richesses cachées et les plus grands secrets de la nature. Il sert aussi à remercier le *Très-Haut* des biens qu'il nous envoie. Il permet la découverte de secrets philosophiques qui amènent à réorienter sa vie.

✤

Son correspondant serait *Tépiseuth (ou Ialdabaoth)*. Il porte les Hommes à commettre les inconséquences les plus grandes, et influence les esprits faibles. Sous son influence l'Homme à des difficultés à recevoir des révélations, il manque de spiritualité ou vie dans une illusion spirituelle créée et nourrie par l'Ego.

SCEAU ANGÉLIQUE

PSAUME

Lat *(144 : 9)* : " *Suavis Dominus universis et miserationes eius super omnia opera eius.* "

Fra *(145 : 9)* : " *L'Éternel est bon envers tous, sa compassion s'étend à toutes ses œuvres.* "

ÉLÉMENTS ASSOCIÉS

ASTRES : ☉ Soleil et ♀ Vénus.

COULEURS : Magenta et Vert.

PIERRE : *Péridot (Olivine* ou *Chrysolite)*, de couleurs vert jaune au vert brunâtre. Pierre équilibrante, énergisante, et reconstituante, elle apporte beaucoup de vitalité et de l'harmonie au corps et à l'esprit. Cette pierre supporte mal la présence d'autres pierres, le péridot doit être utilisé seul. Cette pierre apporte la gaîté.

MÉLANGE D'ENCENS ET PLANTES : Un volume d'*Oliban* et un volume de *Myrrhe*. Poudre de feuilles d'*Héliotrope*.

ASALIAH - 47

" Dieu juste, et qui indique la vérité "

Son nom hébreu est *Eashila* ou *Essal.*

A*saliah* exerce son emprise sur la justice, et il est appelé *" Ange du Seigneur "*. Cet Ange facilite le changement de vie par le déplacement en quête de lumière. Par invocation, il sert à louer le *Créateur*, et pour s'élever vers lui. Il influe les Hommes honnêtes et loyaux, et protège ceux qui élèvent leur esprit à la contemplation des phénomènes divins.

Il permet de trouver la Vérité dans les petites choses du quotidien. Sous son influence les Hommes portent un grand intérêt pour l'ésotérisme. Il influence le développement du pouvoir mental et sur la faculté de concentration. Il incite l'Homme à la haute moralité, à avoir des valeurs authentiques et véritables. Cet Ange permet d'atteindre de haut niveau spirituel.

⁂

Son Ange contraire est *Siêmé*. Ce génie domine sur les actions immorales et scandaleuses, et sur tous ceux qui propagent des systèmes dangereux et chimériques. Sous son influence, l'Homme manque de vision globale, et adopte une philosophie de vie matérialiste, il se focalise excessivement sur les besoins primaires, et analyse toutes choses de façon exagérée. Il pousse l'Homme à s'attribuer l'incarnation de personnages illustres.

SCEAU ANGÉLIQUE

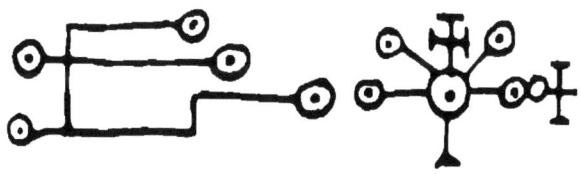

PSAUME

Lat *(103 : 24)* : " *Quam magnificata sunt opera tua Domine omnia in sapientia fecisti impleta est terra possessione tua.* "

Fra *(104 : 24)* : " *Que tes œuvres sont nombreuses, Éternel ! Tu les as toutes faites avec sagesse. La terre est remplie de tes biens.* "

ÉLÉMENTS ASSOCIÉS

ASTRES : ☉ Soleil et ☿ Mercure.

COULEURS : Vert et Or.

PIERRE : *Ambre (Succin)*, avec inclusion fossile, de couleur jaune pâle à brun, rouge et blanc, et rarement bleu, noir ou verdâtre. Attention aux imitations. Elle donne énergie, combat la fatigue et les angoisses. Chasse les idées noires et les tendances dépressives.

MÉLANGE D'ENCENS ET PLANTES : Un volume d'*Oliban*. Poudre de fleurs et racine de *Véronique*, et *Santal* blanc.

MIHAËL - 48

*" Dieu de fécondité,
et Père secourable "*

———— ❦ ————

Son nom hébreu est *Meyohe* ou *Miah*.

M ihael est l'Ange Gardien qui contrôle la fidélité conjugale et la fécondité. Par invocation, il sert à la compréhension des deux sexes, compréhension de ses responsabilités liées à l'homme et la femme. Il conserve la paix et l'union entre les époux, et protège ceux qui ont recours à lui. Il nous soutient en envoyant des pressentiments et des inspirations révélatrices.

Cet Ange gouverne également l'amitié. *Mihael* aide à conserver la paix au sein de toute famille. Il chasse la peur en ranimant la confiance et la foi avec douceur. Il redonne l'équilibre avec une autre dimension du cœur. Il apporte le don de clairvoyance, et permet l'amélioration de la perception. Il aide aussi à matérialiser les Intentions Divines.

❦

Son Ange correspondant est *Senciner*. Ce génie domine sur le luxe, la stérilité et l'instabilité, les entreprises infructueuses. Il met la discorde entre les époux, et il cause la jalousie et l'inquiétude. Sous son influence l'Homme recherche le plaisir des sens pour compenser l'absence de vie spirituelle. Il favorise les sentiments d'attraction et de répulsion.

SCEAU ANGÉLIQUE

PSAUME

Lat *(97 : 2)* : " *Notum fecit Dominus salutare suum in conspectu gentium revelavit iustitiam suam.* "

Fra *(98 : 2)* : " *L'Éternel a fait connaître son salut, il a révélé sa justice sous les yeux des nations.* "

ÉLÉMENTS ASSOCIÉS

ASTRES : ☉ Soleil et ☽ Lune.

COULEURS : Magenta et Turquoise.

PIERRE : *Jaspe vert*. Pierre de soutien et de sérénité dans les moments difficiles, celle-ci est dynamisante. Elle apporte équilibre et stimulation. Le jaspe vert permettra de se recentrer dans la vie. Le jaspe vert aide à sortir des ténèbres émotionnelles, il est utilisé depuis des siècles lors des cérémonies de fécondité.

MÉLANGE D'ENCENS ET PLANTES : Un volume d'*Oliban*. Poudre de *Valériane* et feuilles de *Patchouli*.

VÉHUEL - 49

" Dieu grand, et élevé "

Son nom hébreu est *Vaheva* ou *Vahou.*

Attention à ne pas confondre avec l'Ange *Véhuiah.*

L'Ange *Véhuel* ou *Vahevael* est d'une énergie créatrice. Patron des grands personnages, il soutient ceux qui s'élèvent et se distinguent par leurs talents. À travers l'art et l'amour jaillira la lumière en vous. Gouvernant la haine et l'hypocrisie, il permet de contrôler nos désirs égoïstes. Il modère notre ego, en développant les besoins de notre âme.

Sous son influence, l'Homme a la faculté d'accéder aux mondes parallèles, il consacre alors sa vie à des causes bénéfiques. Cet Ange touche les grands personnages. Il rend l'Homme altruiste, et favorise la diplomatie entre eux. Il permet de se libérer de l'emprise des désirs instinctifs. Il est également l'Ange des Grands écrivains.

⁂

Son Ange correspondant est *Rêuo.* Ce génie influence les Hommes égoïstes, il domine sur la haine et l'hypocrisie. Sous son influence, les personnes ont des difficultés à s'élever et à manifester la sagesse. Il favorise les complexes d'infériorité et de supériorité, l'absence de principes, et pousse à s'opposer aux sentiments de fraternité. Il incite les personnes qui ont une influence négative, à critiquer et à salir ses semblables.

SCEAU ANGÉLIQUE

PSAUME

Lat *(144 : 3)* : " *Magnus Dominus et laudabilis nimis et magnitudinis eius non est finis.* "

Fra *(145 : 3)* : " *L'Éternel est grand et digne de recevoir toute louange, sa grandeur est insondable.* "

ÉLÉMENTS ASSOCIÉS

ASTRES : ♀ Vénus et ⚨ Uranus.

COULEURS : Jaune et Pourpre.

PIERRE : *Jaspe Léopard*, de toutes les couleurs, avec des zébrures, des nuages, des taches et des figures géométriques. De faible puissance, il sera porté en permanence sur soi, il stimule l'esprit et l'éloquence. Pierre protectrice, elle stimule aussi les organes sexuels, et incite à l'admiration.

MÉLANGE D'ENCENS ET PLANTES : Un volume de *Myrrhe* et un volume d'*Oliban*. Poudre de pétales de *Rose* et *Santal* blanc.

DANIEL - 50

" Verbe de Dieu, et le signe des miséricordes "

Son nom hébreu est *Danuyo* ou *Dani*.

*D*aniel, *Dânêl* ou *Danjal*, exerce son autorité sur les avocats et la justice. Il permet d'obtenir la miséricorde du *Très-Puissant*. Il est celui qui s'occupe de l'ouverture des portes qui conduisent aux Anges Gardiens, et à la *Puissance Divine*. Il soutient l'Homme lorsque celui-ci est embarrassé dans la prise de décision.

Il permet de se détacher de la matière afin de percevoir la Vérité dans son essence. Sous son influence l'Homme possède une grande faculté de communication et il inspire les autres. Il favorise l'expression des choses de façon belle et agréable. Les personnes parlent avec art pour ne pas blesser autrui. Cet Ange aide à voir les événements tels qu'ils sont et à prendre les décisions les plus appropriées.

Son Ange contraire est *Eregbuo*. Ce génie influence l'industrie, et sur tous ceux qui n'aiment pas travailler et qui cherchent à vivre par des moyens illicites. Sous son influence l'Homme séduit les naïfs. Il favorise l'égoïsme et tous les problèmes d'Ego. Il incite à manipuler pour s'assurer l'appui de personnes influentes. La personne se cache derrière des masques pour atteindre ses buts. Il est l'ange contraire de la dégénérescence du langage.

SCEAU ANGÉLIQUE

PSAUME

Lat *(102 : 8)* : " *Miserator et misericors Dominus longanimis et multum misericors.* "

Fra *(103 : 8)* : " *L'Éternel fait grâce, il est rempli de compassion, il est lent à la colère et riche en bonté.* "

ÉLÉMENTS ASSOCIÉS

ASTRES : ♀ Vénus et ♄ Saturne.

COULEURS : Indigo.

PIERRE : *Staurotide (Pierre de Croix),* de couleurs brun rouge à noir. Cette pierre se trouve fréquemment sous forme de cristaux en forme de croix. Elle était jadis utilisée comme croix de chapelet. Pierre d'attachement à la Terre-Mère, elle est amour et protection, elle représente la fertilité de la terre. C'est aussi une pierre de Sagesse.

MÉLANGE D'ENCENS ET PLANTES : Un volume de *Santal* blanc. Poudre de fleurs de *Magnolia*.

Hahasiah - 51

" Dieu caché, et de la médecine "

Son nom hébreu est *Hecheshi* ou *Hah'ash*.

*H*ahasiah ou *Hahaziah*, est la Porte ouverte vers le ciel. Il est celui qui élève nos âmes, car il ne faut pas juger les Hommes selon le mal qu'ils ont fait, mais selon le bien qu'ils sont capables de faire. En l'invoquant, il apportera les mystères de la sagesse. Patron de la chimie et de la physique, il révèle les secrets de la nature et de la médecine universelle. Protecteur des sciences parallèles, il est celui qui connaît les propriétés et les vertus attribuées aux végétaux, aux minéraux et aux animaux, et il est le tutélaire des procédés de leurs utilisations *(cures, traitements, remèdes...)*.

Patron de la Haute Science, il donne accès à la Vérité qui permet de comprendre la dynamique de l'Univers. Sous son influence l'Homme peut être un expert en connaissances ésotériques ; Kabbale, alchimie, etc.

Son Ange correspondant est *Sesmé*. Ce génie influence tous ceux qui abusent de la bonne foi des personnes, en leur promettant des choses extraordinaires. Il incite les charlatans et pseudo-thérapeutes à profiter de la naïveté et de l'ignorance d'autrui. Sous son influence, l'Homme utilise la médecine pour s'enrichir matériellement, il recherche le pouvoir, c'est la science sans conscience.

SCEAU ANGÉLIQUE

PSAUME

Lat *(103 : 31)* : " *Sit gloria Domini in saeculum laetabitur Dominus in operibus suis.* "

Fra *(104 : 31)* : " *Que la gloire de l'Éternel dure éternellement ! Que l'Éternel se réjouisse de ses œuvres !* "

ÉLÉMENTS ASSOCIÉS

ASTRES : ♀ Vénus et ♃ Jupiter.

COULEURS : Violet.

PIERRE : *Magnésite*, de couleur blanche, à de pâles nuances crème. Pierre stabilisante, elle dissipe les craintes. Elle permet de soulager les maux de l'appareil digestif *(intestin, estomac, œsophage)*, et permet de lutter contre les troubles dues au stress et à l'hypersensibilité. Elle favorise les expériences intuitives.

MÉLANGE D'ENCENS ET PLANTES : Un volume de *Santal* blanc et un volume de *Benjoin*. Poudre de fleurs d'*Orchidée*.

IMAMIAH - 52

*" Dieu de délivrance,
et élevé au-dessus de toutes choses "*

———————— ✖ ————————

Son nom hébreu est *Eameme* ou *Amam*.

Cet Ange surveille et contrôle le bon déroulement des voyages. Il permet la compréhension de la force que l'on dispose pour réussir, et dans quel domaine. Par invocation, *Imamiah* peut détruire et humilier nos ennemis. Il nous encourage à éliminer nos erreurs commises pour recommencer et réussir, et influence ceux qui cherchent la Vérité avec honnêteté.

Sous son influence l'Homme possède une grande vigueur et une grande force émotionnelle, il a la capacité de prendre soin d'autrui, de le consoler, de l'aider et de le soutenir dans les situations difficiles. La vie sociale des personnes est harmonieuse, cet Ange libère des détentions intérieures.

✳

Son Ange correspondant est *Sagen*. Ce génie favorise l'orgueil, le blasphème et la méchanceté. Il influence les Hommes grossiers et incite aux disputes. Sous son influence l'Homme refuse de reconnaître ses erreurs, il incite à une vie affective instable et tumultueuse. La méchanceté des personnes est due à la non-reconnaissance de leurs erreurs. Cet ange contraire favorise les destins difficiles, l'hypocrisie et aggrave le Karma des Hommes.

SCEAU ANGÉLIQUE

PSAUME

Lat *(7 : 18)* : " *Confitebor Domino secundum iustitiam eius et psallam nomini Domini altissimi.* "

Fra *(7 : 18)* : " *Je louerai l'Éternel à cause de sa justice, je chanterai le nom de l'Éternel, le Très-Haut.* "

ÉLÉMENTS ASSOCIÉS

ASTRES : ♀ Vénus et ♂ Mars.

COULEURS : Orange.

PIERRE : *Obsidienne flocon de neige*, de couleur noire étoilée de blanc floconneux. Pierre très équilibrée, elle symbolise le ciel étoilé. Cette pierre ne montre que ce qui est, elle permet de connaître la vérité sur soi. Elle éloigne les influences négatives, et permet de garder un lien profond avec la terre, elle est la lumière dans les ténèbres, l'illumination de la connaissance profonde.

MÉLANGE D'ENCENS ET PLANTES : Un volume de *Santal* blanc. Poudre de *Pois de Senteur*, noix de *Muscade* et extrait de *Vanille*.

NANAEL - 53

" Dieu qui rabaisse les orgueilleux,
et communication avec Dieu "

Son nom hébreu est *Nunuaa* ou *Nena*.

Ange des hautes sciences, il influence les philosophes et les Hommes religieux. Par invocation, il permet d'obtenir des explications sur notre mission sur terre. Il peut apporter la connaissance dans les sciences parallèles, et agira sur notre repos et la méditation.

Il permet la connaissance de la philosophie. Sous son influence les Hommes seront fascinés par la contemplation des " Mondes Supérieurs ". L'Ange *Nanael* facilite la communication avec le Divin. Les personnes s'intéressent davantage à la vie spirituelle et à l'enseignement, elles ont un attrait pour le Mysticisme.

⚜

Son Ange contraire est *Chommé*. Ce génie domine l'ignorance et toutes les mauvaises qualités du corps et de l'âme. Sous son influence l'Homme essaie de persuader et d'imposer ses croyances aux autres. Il incite au non-respect du rythme d'évolution d'autrui, les personnes ont tendance à fuir la réalité concrète, elles rejettent la connaissance et la communication spirituelles. L'Homme enseigne la spiritualité sans avoir acquis la connaissance et recherche le pouvoir spirituel.

SCEAU ANGÉLIQUE

PSAUME

Lat *(118 : 75)* : " *Cognovi Domine quia aequitas iudicia tua et veritate humiliasti me.* "

Fra *(119 : 75)* : " *Je sais, Éternel, que tes sentences sont justes ; c'est par fidélité que tu m'as humilié.* "

ÉLÉMENTS ASSOCIÉS

ASTRES : ♀ Vénus et ☉ Soleil.

COULEURS : Vert.

PIERRE : *Jade*, de couleurs rarement unies avec des nuances de blanc, vert, brun, rouge, blanc, noire et gris. Une pierre réputée pour ses vertus curatives. Elle équilibre les jugements sur autrui, et permet d'élever la conscience. Positive, elle attire la fortune et le succès. À utiliser avec modération, car ses effets peuvent se retourner en cas d'excès.

MÉLANGE D'ENCENS ET PLANTES : Un volume de *Santal* blanc et un volume d'*Oliban*. Extrait essentiel d'*Ylang-ylang*.

NITHAEL - 54

" Dieu roi des cieux,
et de l'éternelle jeunesse "

Son nom hébreu est *Nuyotha* ou *Niyath*.

*N*ithael dirige les empereurs et les rois. Il guide les personnages civils et les Hommes de foi de haut rang. En l'invoquant il apportera la compréhension de l'œuvre Divine et du monde terrestre, que vous expliquerez à vos proches. Il protège les personnes souhaitant garder leurs emplois, et permet une vie longue.

Sous son influence les Hommes gardent leur éternelle jeunesse, la pureté et la sincérité de l'enfance, la fraîcheur, et possèdent des talents artistiques et esthétiques. Il favorise la beauté, la grâce, et le raffinement. Les personnes sont chaleureuses.

Son Ange contraire est nommé *Chénon*. Ce génie domine sur la ruine des empires et des nations. Il incite les peuples à la révolution et favorise les bouleversements. Sous son influence l'Homme a peur de vieillir. Il incite à être axé sur la beauté extérieure, sur l'apparence et sur le paraître. Il favorise les sentiments d'infériorité et de supériorité. L'Homme cherche à plaire à tout le monde, à avoir une attitude qui ne correspond pas aux paroles. Cet ange favorise les situations instables.

SCEAU ANGÉLIQUE

PSAUME

Lat *(102 : 19)* : " *Dominus in caelo paravit sedem suam et regnum ipsius omnibus dominabitur.* "

Fra *(103 : 19)* : " *L'Éternel a établi son trône dans le ciel, et son règne domine tout l'univers.* "

ÉLÉMENTS ASSOCIÉS

ASTRES : ♀ Vénus.

COULEURS : Jaune.

PIERRE : *Rubis*, de couleur rouge pâle au rouge sang. Symbole du pouvoir, il donne force et courage, il ramène les personnes rêveuses au réalisme. Puissant stimulateur sanguin, il repousse la fatigue, et éloigne la mélancolie. Les personnes autoritaires, hypertendues ou colériques l'utiliseront avec modération.

MÉLANGE D'ENCENS ET PLANTES : Un volume de *Santal* blanc. Poudre de fleurs et de racines d'*Iris*.

MÉBAHIAH - 55

" Dieu éternel, et qui voit tout "

※

Son nom hébreu est *Mebehe* ou *Mevah*.

Il est l'Ange de la morale et de la religion, et influencera ceux qui la protègent. Il soutient les parents souhaitant avoir des enfants. Par invocation, il apportera des explications dans les rêves, sur la marche à suivre pour apporter le bonheur du ciel sur la terre. Il est bon pour avoir des satisfactions par tous les moyens.

Il apporte la lucidité intellectuelle et la compréhension par la perception des sens. L'homme aura les idées claires qui lui permettront d'accéder à la bonté et à la bienveillance. Sous l'influence de l'Ange *Mébahiah*, les personnes ont le sens du devoir et des responsabilités. Il permet également d'accéder à des expériences spirituelles profondes et mystiques.

⚜

Son Ange correspondant se nomme *Smat*. Ce génie est l'ennemi de la vérité, il influence tous ceux qui veulent détruire la religion et ceux qui la protègent, afin d'empêcher le " Grand Œuvre " de la régénération du genre humain. Sous son influence, l'Homme manque de lucidité et à des difficultés à exprimer ses émotions. Les personnes agissent contre les principes et la morale, et ne s'intéressent qu'aux choses matérielles, elles manquent de gentillesse, d'amour et de compassion.

SCEAU ANGÉLIQUE

PSAUME

Lat *(101 : 13)* : " *Tu autem Domine in aeternum permanes et memoriale tuum in generationem et generationem.* "

Fra *(102 : 13)* : " *Mais toi, Éternel, tu règnes éternellement, et l'on se souvient de toi de génération en génération.* "

ÉLÉMENTS ASSOCIÉS

ASTRES : ♀ Vénus et ☿ Mercure.

COULEURS : Bleu.

PIERRE : *Sodalite*, de couleurs bleu, parfois grisâtre. Pierre de la sérénité, elle incite à la modestie, elle prépare l'esprit à l'introspection et canalise la pensée de façon rationnelle, elle permet la maîtrise des émotions. Elle éclaire l'esprit et protège des influences négatives.

MÉLANGE D'ENCENS ET PLANTES : Un volume de *Santal* blanc et volume de *Mastic*. Poudre de *Marjolaine* et de *Pavot (Opium)*.

POYEL - 56
" Dieu qui soutient l'univers "

Son nom hébreu est *Pevayo* ou *Pevi*.

*P*oyel ou *Poiel*, est l'Ange de la fortune et de l'abondance. Il permet d'obtenir la santé, la beauté et l'amour, accompagné d'une action positive. Connaissance de la meilleure façon d'agir sur le plan spirituel et matériel, il est l'Ange régnant sur la philosophie. Il transforme notre état de conscience, afin de nous occuper de nous-mêmes et des autres. Il amène un amour semblable à celui d'une mère qui aime ses enfants. Il nous montre la voie vers la sagesse.

Poyel apporte les cadeaux de la Providence, la fortune sur tous les plans. Sous son influence l'Homme est créateur d'idées et d'ambiances positives, la renommée et la célébrité seront vécues avec humilité. Les personnes s'expriment clairement et simplement, et elles sont d'humeur agréable et très optimiste.

❄

Son Ange contraire est nommé *Themeso*. Ce génie favorise l'orgueil, il influence tous ceux qui s'érigent en maîtres et qui veulent s'élever au-dessus des autres. Sous son influence, les personnes ont une philosophie et un mode de vie matérialistes, elles se vantent de leur richesse matérielle. Pas de bonheur, la fausse joie sert purement à cacher des besoins ou des jugements.

SCEAU ANGÉLIQUE

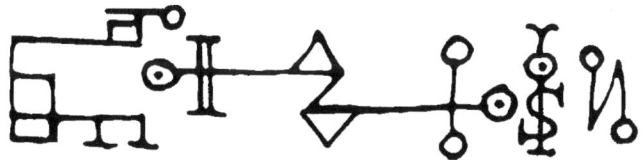

PSAUME

Lat *(144 : 14)* : " *Adlevat Dominus omnes qui corruunt et erigit omnes elisos.* "

Fra *(145 : 14)* : " *L'Éternel soutient tous ceux qui tombent, il redresse tous ceux qui sont courbés.* "

ÉLÉMENTS ASSOCIÉS

ASTRES : ♀ Vénus et ☽ Lune.

COULEURS : Jaune et Magenta.

PIERRE : *Œil de Taureau (Œil de Tigre rouge)*, de couleur rouge à marron rouge. Cette pierre protège contre les mauvais sorts, elle réfléchit les énergies négatives vers la source. Elle permet d'acquérir force et courage, et favorise le dynamisme lorsque nous sommes en contact avec les autres.

MÉLANGE D'ENCENS ET PLANTES : Un volume de *Santal* blanc et un volume de *Myrrhe*. Poudre de fleurs et baies d'*Aubépine*, et feuilles de *Patchouli*.

Nemamiah - 57

*" Dieu louable,
et de discernement "*

---- ❈ ----

Son nom hébreu est *Numeme* ou *Nemim*.

Cet Ange pousse à agir et à faire face aux épreuves, avec calme, gentillesse et politesse. Par invocation, il permet de prospérer en toutes choses, et nous pousse à faire preuve de discernement. Il est le gardien de tous ceux qui s'engagent dans les justes causes, et est le patron des capitaines, généraux, commandants...

Sous son influence les personnes ont la capacité à comprendre par la simple observation des choses. Cet Ange procure le sens de l'action. Les Hommes renoncent aux privilèges matériels pour se vouer entièrement à leur mission. *Nemamiah* favorise le sentiment de liberté, et la personne a la faculté de comprendre son plan de vie et celui d'autrui.

❈

Son Ange contraire est *Srô*. Ce génie favorise les trahisons, et cause la mésentente entre les chefs. Il influe sur les Hommes craintifs, et ceux qui attaquent les personnes sans défense. La personne manque de discernement, de compréhension et sa vision globale le perd dans les détails sans importance. Il favorise les mentalités sombres et sans principes. L'Homme ne s'ouvre pas facilement à autrui et crois n'importe quoi.

SCEAU ANGÉLIQUE

PSAUME

Lat *(113 : 19)* : " *Qui timent Dominum speraverunt in Domino adiutor eorum et protector eorum est.* "

Fra *(115 : 11)* : " *Vous qui craignez l'Éternel, confiez-vous en l'Éternel ! Leur secours et leur bouclier, c'est lui.* "

ÉLÉMENTS ASSOCIÉS

ASTRES : ☿ Mercure et ♅ Uranus.

COULEURS : Violet et Orange.

PIERRE : *Sugilite (ou Luvulite).* Cette pierre apporte de l'énergie protectrice, et de la légèreté aux sentiments, qu'ils soient bons ou mauvais. Elle élève l'âme et l'esprit, elle éveille la conscience et permet de discerner ses potentialités afin de les déployer au service du " Grand-Œuvre ". Elle permet de faire appel à nos forces instinctives, afin de donner vie à nos idées.

MÉLANGE D'ENCENS ET PLANTES : Un volume de *Mastic* blanc, un volume de *Myrrhe* et deux volumes d'*Oliban*. Poudre d'*Amandier* et *Lavande*.

YÉIALEL - 58

" Dieu de la pensée créatrice, et qui exauce les générations "

Son nom hébreu est *Yoyola* ou *Yiyal.*

Yeialel ou *Yeyalel, Ieialel* ou *Ieilael,* permet par invocation d'obtenir la compréhension du monde invisible, d'accéder à l'ouverture des portes du " Haut Savoir ". *Yeialel* est la connaissance de la vie dans le monde de l'invisible. Il sert aussi contre le chagrin, et la guérison des maladies des yeux. Il est le patron des travailleurs du fer : armuriers, serruriers, et couteliers.

Sous son influence l'Homme à la capacité à discipliner ses pensées. Cet Ange favorise les prises de conscience, et enseigne la clairvoyance. Il permet de maîtriser les impulsions émotives et incite à la loyauté inconditionnelle. Il laisse place à la compréhension des Lois et des Structures Divines.

⁂

Son Ange correspondant se nomme *Epima.* Ce génie domine la colère, et influence les sans-cœurs et les homicides. Sous son influence l'Homme se focalise exagérément sur les problèmes, et a des difficultés en lien avec les émotions en général. L'Homme manque d'intelligence et se perd entre les mondes spirituels et matériels. La personne est infiniment rationnelle, elle croit seulement ce qui peut être prouvé concrètement.

SCEAU ANGÉLIQUE

PSAUME

Lat *(6 : 4)* : " *Et anima mea turbata est valde et tu Domine usquequo ?* "

Fra *(6 : 4)* : " **Mon âme est toute troublée. Et toi, Éternel, jusqu'à quand me traiteras-tu ainsi ?* "

ÉLÉMENTS ASSOCIÉS

ASTRES : ☿ Mercure et ♄ Saturne.

COULEURS : Rose et Bleu clair.

PIERRE : *Perle (Nacre),* de couleurs gris pâle bleuté ou violacé. Douce et apaisante, lunaire et liée à l'eau, féminine, elle est le reflet de soi-même. Elle renforce l'esprit, le sens artistique et la créativité. Elle permet d'équilibrer le corps émotionnel. Elle aide aussi à se reconstruire et à s'enrichir suite à une blessure, en la transfigurant. Elle agît principalement sur les femmes.

MÉLANGE D'ENCENS ET PLANTES : Un volume de *Santal* blanc, un volume de *Mastic.* Poudre de *Bergamote (Citrus bergamia).*

HARAEL - 59

" Dieu qui connaît toutes choses "

Ne pas confondre avec la variante orthographique de *Hariel*.

Son nom hébreu est *Hereche* ou *Hara'h*.

*H*arael s'écrit aussi *Harahel*, et cet Ange est le protecteur des archives, des bibliothèques et des " *Cabinets de raretés* ". Il est le patron des imprimeurs et des libraires. Par invocation, il favorise les propositions de projet qui étonneront la Société et l'humanité. Il influence la réalisation de notre destin. Gestionnaire des naissances, *Harahel* est aussi invoqué contre la stérilité des femmes, et pour rendre les enfants obéissants et respectueux envers les parents.

Il apporte la richesse intellectuelle, idéale pour l'écriture, le journalisme, l'édition et le domaine de l'imprimerie. Sous son influence, l'Homme aime s'instruire, et apprend avec facilité.

✤

Son Ange contraire est *Isrô*. Ce génie est l'ennemi des lumières, il cause la ruine, la destruction par des incendies, et il influence aux gaspillages et aux faillites. Sous son influence l'Homme n'est pas suffisamment ancré dans la vie terrestre, et il écrit négativement pour le diffuser à l'humanité. Fraude assurée.

SCEAU ANGÉLIQUE

PSAUME

Lat *(112 : 3)* : " *A solis ortu usque ad occasum laudabile nomen Domini.* "

Fra *(113 : 3)* : " *Du lever du soleil jusqu'à son coucher, que le nom de l'Éternel soit célébré !* "

ÉLÉMENTS ASSOCIÉS

ASTRES : ☿ Mercure et ♃ Jupiter.

COULEURS : Violet clair et Rose.

PIERRE : *Zircon (Hyacinthe),* de couleur rouge orangé à rouge brun en passant par le vermillon. Pierre de très forte puissance, de par ses éléments radioactifs, elle est à utiliser avec précaution et l'on ne la portera pas en permanence sur soi. Pierre d'énergie continue, on l'utilise pour lutter contre les parasites ou les virus. Elle dynamise et développe la gaîté, elle stimule l'homme, et attire la bonne fortune.

MÉLANGE D'ENCENS ET PLANTES : Un volume de *Santal* blanc et un volume de *Benjoin*. Poudre de *Lavande*.

MITZRAEL - 60

" Dieu qui console, et qui soulage les opprimés "

Son nom hébreu est *Mezare* ou *Metsar*.

Mitzrael ou *Mizrael*, suscite l'obéissance des exécutants envers leurs supérieurs, et leur promet aussi la fidélité. Il stimule le sens pratique, et permet la réalisation de grands projets familiaux, nationaux et mondiaux. Il est principalement invoqué pour soigner les maladies de l'esprit, et pour être délivré de nos persécuteurs. Il est le patron de la géométrie et des personnages illustres.

Son influence apporte d'excellente qualité au corps et à l'âme, il provoque agréablement notre humeur et promet longévité à notre vie terrestre. L'Homme à la compréhension de l'obéissance et de l'autorité. Il permet la guérison des maladies mentales, et aide à la réunification des plans physiques et spirituels.

⚜

Son Ange correspondant se nomme *Homoth*. Ce génie domine sur tous les êtres rebelles, et influence les mauvaises qualités physiques et morales. Sous cette influence, l'Homme à des difficultés à accepter ses erreurs et à les réparer. Il favorise la peur du changement et les problèmes liés avec l'autorité. Cet ange contraire, fécond les maladies mentales, et encourage la médecine sans conscience.

SCEAU ANGÉLIQUE

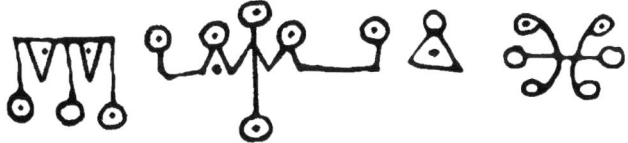

PSAUME

Lat *(144 : 17)* : " *Iustus Dominus in omnibus viis suis et sanctus in omnibus operibus suis.* "

Fra *(145 : 17)* : " *L'Éternel est juste dans toutes ses voies et bon dans toutes ses œuvres.* "

ÉLÉMENTS ASSOCIÉS

ASTRES : ☿ Mercure et ♂ Mars.

COULEURS : Violet et Vert.

PIERRE : *Œil de Tigre*, de couleur jaune doré et brune avec des nuances chatoyantes. Cette pierre protège contre les énergies négatives, et chasse toute forme de négativité. Elle permet d'acquérir force et courage, et favorise le dynamisme lorsque nous sommes en contact avec les autres. Elle protège des sorts négatifs.

MÉLANGE D'ENCENS ET PLANTES : Un volume de *Santal* blanc. Poudre de *Verveine* et de *Bergamot (Monarde ; Monarda didyma)*.

UMABEL - 61

" Dieu au-dessus de toutes choses,
et la rencontre de Dieu "

Son nom hébreu est *Vamebe* ou *Vamav*.

Cet Ange Gardien, permet la réalisation de grandes missions. *Umabel*, règne sur la physique, et l'astronomie. Par invocation, il sert à obtenir l'amitié d'une personne, et avantage la manifestation de grandes opportunités. Il sensibilise notre cœur, et nous encourage à faire preuve d'humilité, de compassion et de respect envers toute personne.

Cette Ange facilite l'étude et la compréhension de ses homologues *(contraires)*. Il favorise la compréhension des analogies entre l'Univers et le monde terrestre. Il dévoile certains secrets des différents règnes naturels ; minéral, végétal et animal. Sous son influence, les Hommes possèdent la capacité à enseigner ce qu'ils ont appris. Il permet également de connaître l'inconnu à travers le connu.

⁂

L'Ange contraire est nommé *Ptiau*. Ce génie influence les libertins, et particulièrement les personnes qui se livrent à des passions contre nature. Sous cette influence l'Homme craint la solitude, il veut plaire aux autres, car il a de la difficulté à se faire apprécier. Ange de la nostalgie, les personnes s'attachent à des concepts dépassés, et agissent contre l'ordre naturel des choses.

SCEAU ANGÉLIQUE

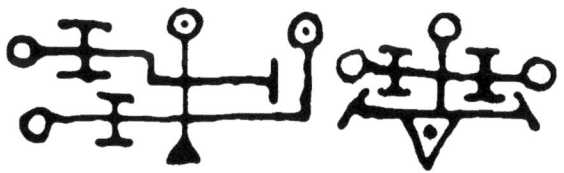

PSAUME

Lat *(112 : 2)* : " *Sit nomen Domini benedictum ex hoc nunc et usque in saeculum.* "

Fra *(113 : 2)* : " *Que le nom de l'Éternel soit béni, dès maintenant et pour toujours !* "

ÉLÉMENTS ASSOCIÉS

ASTRES : ☿ Mercure et ☉ Soleil.

COULEURS : Bleu clair et Violet.

PIERRE : *Topaze*, de couleurs incolores, rose ou bleu clair. Dynamisante, utile pour l'intellect, elle éclaircit les idées, aide au dialogue, et stimule les facultés du cœur et de l'esprit. Elle fait découvrir l'amitié vraie et durable.

MÉLANGE D'ENCENS ET PLANTES : Un volume de *Santal* blanc, un volume d'*Oliban* et un volume de *Mastic*. Poudre de racine de *Vétiver*.

Iahhel - 62
" Dieu suprême "

Son nom hébreu est *Yohehe* ou *Yehah*.

*I*ahhel ou *Iah-Hel*, est l'Ange patron des philosophes, des penseurs et des moralistes. Ange de la sagesse, par invocation, il permet d'accéder à la connaissance du mystère de l'œuvre Divine, des énigmes de la mécanique céleste et du rythme de l'économie. Ange de la tempérance, il nous aide aussi à retrouver l'équilibre lorsque notre existence est émotionnellement perturbée.

Il est aussi l'Ange Gardien, veilleur et protecteur des enfants, notamment pendant la grossesse de leur mère, et ce jusqu'à leur naissance. Sous son influence les Hommes sont modestes, et font les choses avec douceur. Il permet le paiement des dettes karmiques, et affine les sens des personnes jusqu'aux plus subtils *(clairvoyance, clairaudience)*. Les Hommes aiment la qualité, la beauté, et la poésie.

Son Ange contraire est nommé *Oroasoer*. Ce génie influence tout ce qui porte au scandale. Il domine sur le luxe et l'instabilité. Il favorise le divorce. Sous cette influence, les personnes ont tendance à s'approprier la connaissance des autres, et ont des difficultés dans leurs relations intimes. Elles manquent de modestie et de gentillesse, et sont créatrices de conflits.

SCEAU ANGÉLIQUE

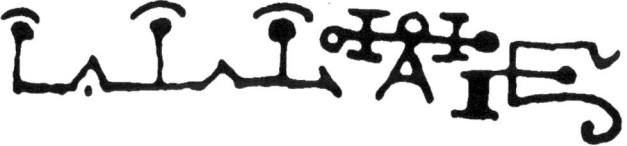

PSAUME

Lat *(118 : 159)* : " *Vide quoniam mandata tua dilexi Domine in misericordia tua vivifica me.* "

Fra *(119 : 159)* : " *Considère combien j'aime tes décrets, Éternel, rends-moi la vie conformément à ta bonté !* "

ÉLÉMENTS ASSOCIÉS

ASTRES : ☿ Mercure et ♀ Vénus.

COULEURS : Orange et Violet clair.

PIERRE : *Perle (Nacre)*, de couleurs gris pâle bleuté ou violacé. Douce et apaisante, lunaire et liée à l'eau, féminine, elle est le reflet de soi-même. Elle renforce l'esprit, le sens artistique et la créativité. Elle permet d'équilibrer le corps émotionnel. Elle aide aussi à se reconstruire et à s'enrichir suite à une blessure, en la transfigurant. Elle agît principalement sur les femmes.

MÉLANGE D'ENCENS ET PLANTES : Un volume de *Santal* blanc et un volume de *Mastic*. Poudre de racine de *Benoîte Commune* et *Ambre gris*.

ANAUEL - 63

*" Dieu universel,
et infiniment bon "*

Ne pas confondre avec une des variantes orthographiques de l'Ange *Aniel*.

Son nom hébreu est *Eanuva* ou *Anou*.

L'Ange *Anauel* est un intermédiaire qui protège les commerces de tous genres, les banquiers et les négociants. Il permet la compréhension claire des rapports entre les causes et les effets, ainsi que les rapports des événements entre eux. Par invocation, il sert à nous protéger contre les accidents, il permet de conserver une bonne santé et guérit les maladies. Il sert également à la conversion religieuse.

Sous son influence, l'Homme à la compréhension juste du concept de l'argent et possède la faculté de générer une grande abondance avec de nouvelles idées. Cet Ange permet la compréhension des différentes mentalités et cultures, et les personnes savent maîtriser leurs émotions.

�֍

Ses Anges correspondant sont *Aseü*. Ce génie domine la folie et les dépenses excessives, il influence tous ceux qui se ruinent par leur mauvaise conduite. Les personnes se sentent supérieures sur le plan intellectuel et ont des difficultés à guider et à inspirer les autres. Corruption.

SCEAU ANGÉLIQUE

PSAUME

Lat *(2 : 11-12)* : " *Servite Domino in timore et exultate ei in tremore - adprehendite disciplinam nequando irascatur Dominus et pereatis de via iusta.* "

Fra *(2 : 11)* : " *Rendez hommage au fils, de peur qu'il ne s'irrite et que vous n'alliez à votre perte, car sa colère s'enflamme rapidement. Heureux tous ceux qui se confient en lui !* "

ÉLÉMENTS ASSOCIÉS

ASTRES : ☿ Mercure.

COULEURS : Orange et Vert.

PIERRE : *Saphir*, de couleur jaune paille, à jaune-orangé. Très spirituelle, elle facilite la communication, et développe les facultés extra-sensorielles. Le jaune a des propriétés proches de la *Citrine* mais avec plus de puissance. Pierre solaire, elle fait rayonner la bonne humeur et l'intelligence, elle est dynamisante.

MÉLANGE D'ENCENS ET PLANTES : Un volume de *Santal* blanc et *Mastic*. Poudre de *Bergamote (Citrus bergamia)*.

MÉHIEL - 64

" Dieu qui vivifie toutes choses "

Son nom hébreu est *Mecheyo* ou *Me'hi*.

Il est le patron et le protecteur des professeurs universitaires, des orateurs, des auteurs et écrivains. Il est invoqué pour obtenir inspiration à l'écriture de livre ésotérique, et pour nous protéger des animaux sauvages et contre la rage. *Mehiel* est aussi le protecteur des imprimeries et des librairies. Ange de la reconnaissance et de la mémoire, il permet de faire grandir nos idées, d'aller encore plus loin dans l'écriture d'un ouvrage, et de le rendre plus riche que le précédent.

Cet Ange aide à trouver des solutions pratiques. Sous son influence, l'Homme développe des facultés mentales en harmonie avec son imagination. Il aide également à réfléchir sur l'expérience personnelle et à la comprendre. Il favorise la réceptivité et la compréhension profonde.

❋

Son Ange correspondant s'appelle *Astiro*. Ce génie contraire influence les faux savants. Il favorise les controverses, les disputes littéraires et la critique. Sous son influence, la personne manque d'inspiration, et a des problèmes au niveau de la créativité et de l'imagination. L'Homme essaie de forcer son propre Destin et ne comprend pas la mise en scène de sa vie, il manque d'authenticité et a des problèmes avec sa personnalité.

SCEAU ANGÉLIQUE

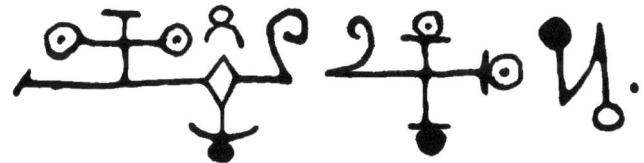

PSAUME

Lat *(32 : 18)* : " *Ecce oculi Domini super metuentes eum qui sperant super misericordia eius.* "

Fra *(33 : 18)* : " *Mais le regard de l'Éternel est sur ceux qui le craignent, sur ceux qui espèrent en sa bonté.* "

ÉLÉMENTS ASSOCIÉS

ASTRES : ☿ Mercure et ☽ Lune.

COULEURS : Rose et Vert.

PIERRE : *Diamant*, de couleur rose pâle à brun beige. Pierre d'une grande puissance à utiliser avec précaution. Symbole de l'union du corps et de l'âme, elle est la fusion dans le divin. Elle apporte le savoir, et permet la transformation. Pour précisions sur ses vertus, semblables à d'autres pierres de même couleur, voire aussi : *Quartz rose* et *Kunzite*.

MÉLANGE D'ENCENS ET PLANTES : Un volume de *Santal* blanc, un volume de *Mastic* et un volume de *Myrrhe*. Poudre de *Lavande*.

DAMABIAH - 65

" Dieu source de sagesse "

Son nom hébreu est *Damebe* ou *Demav*.

*D*amabiah gouverne les constructions navales et les expéditions maritimes. Ange de l'eau, il est le patron des mers, des fleuves, des sources et des lacs. Il est principalement invoqué contre les mauvais sortilèges, et pour obtenir les secrets de la sagesse. Il permet la découverte par intuition des trésors de l'Esprit, et de la spiritualité. Il développe notre sensibilité et particulièrement l'intuition, le côté passif ou féminin *(Yin)*, pour découvrir nos dons psychiques.

Cet Ange fait rayonner les grandes valeurs spirituelles telles que l'altruisme, la générosité et l'amour inconditionnel. Il permet la réussite dans les entreprises utiles aux communautés et à la nation. Sous son influence, les Hommes sont bons et peuvent résoudre des situations compromettantes.

❋

Son Ange contraire est nommé *Ptébiou*. Ce génie cause les tempêtes et les naufrages. Il influence les expéditions malheureuses. Sous cette influence, l'Homme manque de sagesse et de bonté. Les personnes sont égoïstes et choisissent la voie de la difficulté pour faire les choses. L'Homme n'est pas en mesure de résoudre les problèmes, et a des comportements compulsifs.

SCEAU ANGÉLIQUE

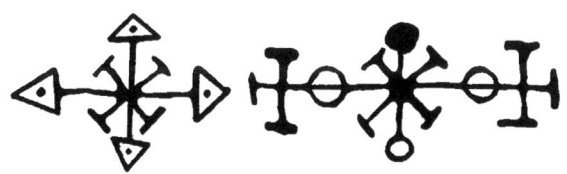

PSAUME

Lat *(89 : 13)* : " *Convertere Domine usquequo et deprecabilis esto super servos tuos.* "

Fra *(90 : 13)* : " *Reviens, Éternel ! Jusqu'à quand ? Aie pitié de tes serviteurs !* "

ÉLÉMENTS ASSOCIÉS

ASTRES : ☽ Lune et ♅ Uranus.

COULEURS : Vert.

PIERRE : *Labradorite*, de couleurs gris foncé à clair avec irisations dominées de bleu. Cette pierre est une sorte de bouclier, elle protège et dissout les énergies négatives. Régénératrice, elle permet le repos lors de fatigues physiques et intellectuelles, et permet la connexion avec les forces cosmiques supérieures.

MÉLANGE D'ENCENS ET PLANTES : Un volume de *Myrrhe* et deux volumes d'*Oliban*. Poudre de *Millepertuis* et *Ambre gris*.

MANAKEL - 66

" Dieu au-dessus du bien et du mal,
et qui seconde et maintien toutes choses "

———————— ❁ ————————

Son nom hébreu est *Menuko* ou *Menaq*.

Manakel, *Menakel* ou *Menaqel*, est l'Ange gouvernant la végétation et les animaux aquatiques. Il permet la connaissance de l'art et de l'Architecture Universelle du monde. *Manakel* agit sur notre sommeil et sur les rêves. Il nous fait prendre conscience de la *" loi du Karma "*, et nous pousse à ne pas juger les autres, à accepter les différences, et à respecter nos semblables. Ces prises de conscience nous offrent une ouverture d'esprit qui changera radicalement notre façon de vivre avec les autres, elles concilieront notre amitié et notre bienveillance avec toutes les personnes de biens.

Il permet de surpasser ses peurs et il aide à la création d'une belle vie. Il apaise l'être *(le moi intelligent)*, le guérit de ses maladies, et libère notre potentiel caché afin de réunifier les qualités du corps et de l'esprit.

❁

Son Ange contraire se nomme *Tépisatras*. Ce génie influence toutes les mauvaises qualités physiques et morales. Les Hommes jouent avec les forces négatives. Sous son influence, le potentiel de l'Homme est piégé dans sa mémoire par la négativité. Il favorise l'orgueil et pousse aux perturbations physiques et morales.

SCEAU ANGÉLIQUE

PSAUME

Lat *(37 : 22)* : " *Non derelinquas me Domine Deus meus ne discesseris a me.* "

Fra *(38 : 22)* : " *Ne m'abandonne pas, Éternel, mon Dieu, ne t'éloigne pas de moi !* "

ÉLÉMENTS ASSOCIÉS

ASTRES : ☽ Lune et ♄ Saturne.

COULEURS : Bleu et Vert.

PIERRE : *Topaze bleue*, de couleurs bleu clair à bleu foncé. Pierre aux qualités douces, elle aide au dialogue et à l'écoute des autres. Elle permet l'amitié profonde et durable, et aide au repos. Elle permet de développer la perception extra-sensorielle et les phénomènes psychiques *(phénomènes Psi ou parapsychiques)*, tels que la télépathie, la psychokinésie, la clairvoyance, la précognition, et tous autres états modifiés de conscience.

MÉLANGE D'ENCENS ET PLANTES : Un volume de *Myrrhe*. Poudre de *Sauge* et extrait essentiel de *Vanille*.

EYAEL - 67

" Dieu sublime,
et délice des enfants et des Hommes "

Son nom hébreu est *Aayoea* ou *Aya*.

*E*yael ou *Eiael*, exerce son pouvoir sur les sciences occultes, en apportant la Vérité à ceux qui l'implorent dans leurs travaux mystiques. Il est la connaissance de l'astrologie, de la mécanique de l'univers et du langage du tarot. Il est invoqué pour obtenir la connaissance des nombres et du mécanisme de la réincarnation *(loi, cause, effet du karma)*. Il apporte les secrets de la sagesse, et influence la longévité de la vie.

Cet Ange permet d'obtenir consolation quand la malchance nous touche, et il apporte le pouvoir de la " Transsubstantiation ", ce qui signifie littéralement ; la conversion d'une substance en une autre *(pour les chrétiens, la conversion du pain et du vin en corps et sang du Christ lors de l'Eucharistie)*. Chez l'Homme, les facultés d'observer, de reconnaître et de comprendre les choses, seront favorisées.

Son Ange contraire est nommé *Abiou*. Ce génie favorise l'erreur, les préjugés, et ceux qui propagent des systèmes erronés. Sous cette influence, l'Homme a peur des changements et a tendance à créer de la confusion, il passe d'une expérience à l'autre sans comprendre, et utilise abusivement la science à des fins négatives.

SCEAU ANGÉLIQUE

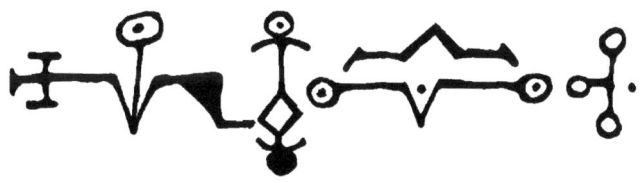

PSAUME

Lat *(36 : 4)* : " *Delectare in Domino et dabit tibi petitiones cordis tui.* "

Fra *(37 : 4)* : " *Fais de l'Éternel tes délices, et il te donnera ce que ton cœur désire.* "

ÉLÉMENTS ASSOCIÉS

ASTRES : ☽ Lune et ♃ Jupiter.

COULEURS : Orange corail.

PIERRE : *Nacre (Perle)*, de couleur blanc crème, gris pâle bleuté ou violacé. Douce, lunaire et liée à l'eau, elle est le reflet de soi-même. Elle renforce l'esprit et la créativité. Elle permet d'équilibrer le corps émotionnel. Elle aide aussi à se reconstruire et à s'enrichir suite à une blessure. Elle agît principalement sur les femmes.

MÉLANGE D'ENCENS ET PLANTES : Un volume de *Myrrhe* et un volume de *Benjoin*. Poudre de fleurs et baies d'*Aubépine*, et *Santal* blanc.

HABUHIAH - 68

" Dieu guérisseur,
et qui donne avec libéralité "

Son nom hébreu est *Chebeva* ou *'Habou.*

*H*abuhiah ou *Habuiah*, est l'Ange de la fécondité et de l'agriculture. Il permet l'élévation vers une situation de pouvoir spirituel, moral et matériel. Il est invoqué pour guérir les maladies et conserver la santé, et pour développer nos facultés de prémonition. Il nous aide à maîtriser nos pulsions, et à dominer notre colère et notre agressivité.

Il permet également de prendre contact avec les esprits invisibles de la nature, et soutient les mères qui élèvent et éduquent avec protection ses enfants. Il aide à s'ajuster aux " Normes Divines " et il offre à l'Homme la capacité à se ré-harmoniser. Sous son influence, les personnes aiment la nature, la vie à la campagne et les espaces libres. Il aide aussi les Hommes à se restructurer et à fixer leurs désirs.

Son Ange contraire est nommé *Archatapias*. Ce génie favorise la stérilité, il cause la famine et influence les insectes qui nuisent aux productions de la terre. Avec cet ange contraire, l'Homme à des difficultés à comprendre la maladie, et il se perd dans une multitude de besoins et de désirs. Les pensées des personnes sont en contradiction avec leurs émotions.

SCEAU ANGÉLIQUE

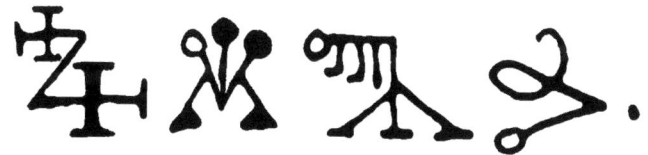

PSAUME

Lat *(105 : 1)* : " *Alleluia confitemini Domino quoniam bonus quoniam in saeculum misericordia eius.* "

Fra *(106 : 1)* : " *Louez l'Éternel ! Célébrez l'Éternel, car il est bon ! Oui, sa bonté dure éternellement.* "

ÉLÉMENTS ASSOCIÉS

ASTRES : ☽ Lune et ♂ Mars.

COULEURS : Violet et Bleu turquoise.

PIERRE : *Œil de Faucon*, de couleurs gris bleuté et gris vert bleuté. Pierre régulatrice, elle ouvre l'esprit aux nouvelles idées, elle permet de mieux accepter les nouveautés, elle apporte un peu de fantaisie aux pensées étroites. C'est une excellente pierre pour les orateurs, chanteurs, conférenciers, etc.

MÉLANGE D'ENCENS ET PLANTES : Un volume de *Myrrhe*. Poudre de *Valériane* et feuilles de *Patchouli*.

ROCHEL - 69

*" Dieu qui voit tout,
et qui redonne "*

Son nom hébreu est *Reaahe* ou *Réh*.

Cet Ange Gardien favorise les propositions de projet qui étonneront la Société et l'humanité. Par invocation, il permet de retrouver les objets perdus ou dérobés, et pour connaître l'identité du voleur. Il soutient la réalisation de notre destin. Il développe nos sens en agissant sur les deux hémisphères de notre cerveau, et équilibre notre vision pour des interprétations plus justes.

Ange des archives et de la " Bibliothèque Universelles " *(Daath)*, il permet l'étude des Lois et de la Justice. Il apporte à l'Homme la faculté de donner et de recevoir avec aisance et facilité. Cette influence permet de retrouver le Moi Divin, et d'atteindre l'Androgynie Originelle. Il a le don de transformer les karmas.

Son Ange correspondant est *Chontaré*. Ce génie influence les procès, les testaments et les legs qui se font au détriment des héritiers légitimes. Il favorise tous ceux qui causent la ruine des familles. Sous son influence l'Homme s'approprie ce qui ne lui appartient pas, et a des problèmes avec le " donner et recevoir ". Il favorise le " vampirisme énergétique ".

SCEAU ANGÉLIQUE

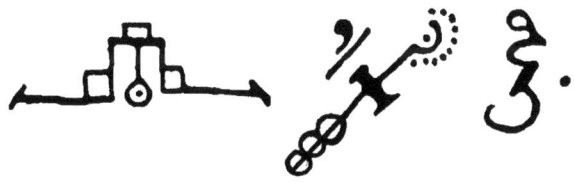

PSAUME

Lat *(15 : 5)* : " *Dominus pars hereditatis meae et calicis mei tu es qui restitues hereditatem meam mihi.* "

Fra *(16 : 5)* : " *Éternel, c'est toi qui es ma part et la coupe où je bois, c'est toi qui m'assures mon lot.* "

ÉLÉMENTS ASSOCIÉS

ASTRES : ☽ Lune et ☉ Soleil.

COULEURS : Rose et Violet.

PIERRE : *Diamant de Herkimer (Cristal de Roche)*, de couleur incolore. Cette pierre peut parfois remplacer le *Diamant*. Pierre de lumière, elle éloigne les ténèbres. Cristal d'une absolue neutralité, il peut être employé universellement, pour tous les usages. Cette pierre est un puissant amplificateur et peut être utilisée en association avec toutes les autres pierres.

MÉLANGE D'ENCENS ET PLANTES : Un volume de *Myrrhe* et un volume d'*Oliban*. Poudre de *Lavande*.

JABAMIAH - 70
*" Dieu accompagnateur,
et qui produit toutes choses "*

Son nom hébreu est *Yobeme* ou *Yevam*.

*J*abamiah s'écrit aussi *Jabamjah*, *Yabamiyah* ou *Yabamiah*, *Javamiah* ou *Yavamiah*, *Yebemiah* ou *Yebamiah*, *Yebomayah* ou *Iibamiah*. Il est l'Ange qui règle les phénomènes de la nature, et l'alchimie de notre âme. Il permet la connaissance de l'Être intérieur, et de la conscience de l'Être divin qui est en nous. Il est invoqué par ceux qui veulent se régénérer et rétablir l'harmonie rompue. Il purifie les éléments qui composent la nature de l'Homme. Notre sens de l'esthétisme sera développé, il nous fera aimer les belles choses avec le cœur, et non pas celui du physique.

Cet Ange transforme le mal en bien. Sous son influence, l'Homme possède une grande réceptivité et a la faculté d'aimer dans toutes les circonstances. Il permet de maîtriser les instincts. *Jabamiah* accompagne les mourants, et guidant leurs pas dans l'autre monde.

✳✳

Son Ange contraire est *Thopibui*. Ce génie favorise l'athéisme, et encourage tous ceux qui propagent des écrits dangereux. Sous cette influence les émotions et les comportements des Hommes sont négatifs, il favorise l'incompréhension du bien et du mal.

SCEAU ANGÉLIQUE

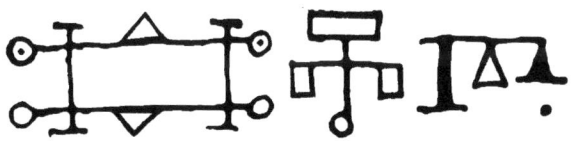

GENÈSE

Lat *(Genesis 1 : 1)* : " *In principio creavit Deus caelum et terram.* "

Fra *(Genèse 1 : 1)* : " *Au commencement, Dieu créa le ciel et la terre.* "

ÉLÉMENTS ASSOCIÉS

ASTRES : ☽ Lune et ♀ Vénus.

COULEURS : Vert et Bleu.

PIERRE : *Aigue Marine*, de couleurs bleu clair à bleu pâle. Pierre de communication, elle facilite les discours, le chant, l'expression. Elle aide au repos, protège les voyageurs sur l'eau, et développe l'instinct maternel, les facultés extralucides, les perceptions extra-sensorielles. Elle possède des vibrations douces et reposantes, et permet l'expression de la vérité.

MÉLANGE D'ENCENS ET PLANTES : Un volume de *Myrrhe*. Poudre de *Rhododendron (Azalée)* et *Santal* rouge.

HAIAYEL - 71

" Dieu maître de l'univers "

Son nom hébreu est *Heyoyo* ou *Hayaï*.

*H*aiayel ou *Haiaiel*, *Hahael* ou *Hahahel*, et *Hahayel* ou *Chayyliel*, est le protecteur des missionnaires chrétiens et des disciples du *Christ*. Prince des Anges de bonté, il assiste aux conseils de jugement divin. Ange de la justice, il influence la noblesse, les magistrats et avocats. Il est particulièrement invoqué en secours contre ceux qui nous attaquent en justice, et pour obtenir la grâce et la clémence des hauts dirigeants. Il permet d'obtenir le courage et aide à prendre des décisions.

Il sert aussi lorsque nous avons le besoin de nous ressourcer, et de revitaliser notre esprit. Il développe également nos facultés extrasensorielles, notamment celle qui est liées à la perception des sons : l'audition humaine, l'ouïe, et l'audition intérieure. Il conduit à la victoire en apportant la Protection Divine pour prendre la meilleure décision.

✲

Son Ange contraire se nomme *Ptibiou*. Ce génie favorise la discorde, il influence les traîtres, et tous ceux qui se rendent célèbres par leurs crimes. Sous son influence l'Homme est prêt à tout pour atteindre son but, il fournit des armes pour tuer. Il favorise les gouvernements corrompus, le mensonge et la manipulation.

SCEAU ANGÉLIQUE

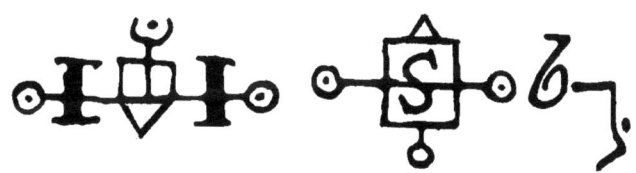

PSAUME

Lat *(108 : 30)* : " *Confitebor Domino nimis in ore meo et in medio multorum laudabo eum.* "

Fra *(109 : 30)* : " *Je louerai l'Éternel de ma bouche, à voix haute, je le célébrerai au milieu de la foule.* "

ÉLÉMENTS ASSOCIÉS

ASTRES : ☽ Lune et ☿ Mercure.

COULEURS : Mauve et Bleu clair.

PIERRE : *Diamant*, de couleurs incolores à bleu pâle. Pierre de puissance exceptionnelle, elle est la pureté absolue. Elle est à utiliser avec précaution. Puissant amplificateur, il symbolise la fusion. Il facilite la communication et l'écoute des autres. Il fait découvrir la véritable amitié.

MÉLANGE D'ENCENS ET PLANTES : Un volume de *Myrrhe* et un volume de *Mastic*. Poudre de fleurs de *Pivoine* et extrait de *Vanille*.

MUMIAH - 72

" Dieu de renaissance,
et de fin de toutes choses "

Son nom hébreu est *Mevame* ou *Moum*.

Mumiah favorise la stimulation de la volonté du regard intérieur. Il permet une vision claire concernant les décisions, et l'auto-connaissance. Il gouverne la science des remèdes et des médicaments, il est le garant de la santé et de la longévité de la vie. Il nous protège et nous assiste dans les opérations mystérieuses, et dévoilera divers secrets de la nature qui feront le bonheur. Par invocation, il apportera dans les rêves la visualisation des effets que produisent nos actes.

Il nous aide aussi à accéder à la sagesse. Il connaît les secrets de la Terre, et par expérience, il a le don de voir, de guérir et de restructurer les cellules des êtres vivants. Sous son influence l'Homme possède une grande réceptivité et des facultés médiumniques, il permet la compréhension de la Loi de la réincarnation.

❊

Son Ange contraire s'appelle *Atembui*. Ce génie favorise le désespoir et le suicide. Il influence tous ceux qui détestent leur existence. Sous cette influence l'Homme a peur des expériences mystiques, il a de la difficulté à s'ouvrir à la spiritualité et au Divin, et manque de réceptivité. Ce génie favorise la perte de tous ordres.

SCEAU ANGÉLIQUE

PSAUME

Lat *(114 : 7)* : " *Convertere anima mea in requiem tuam quia Dominus benefecit tibi.* "

Fra *(116 : 7)* : " *Retrouve le repos, mon âme, car l'Éternel t'a fait du bien !* "

ÉLÉMENTS ASSOCIÉS

ASTRES : ☽ Lune.

COULEURS : Bleu clair ou Turquoise.

PIERRE : *Turquoise (ou Callaïte)* de couleurs bleu ciel à vert bleuté clair. Cette pierre, de la jeunesse éternelle, élève l'esprit, et protège des énergies négatives de toutes sortes. Positive et sacrée, cette pierre a la propriété de protéger son propriétaire et son entourage, des énergies négatives en les absorbant à tel point qu'elle en meurt, voire se fendre, comme si elle s'offrait en sacrifice.

MÉLANGE D'ENCENS ET PLANTES : Un volume de *Myrrhe*. Poudre de fleurs et fruits du *Gardénia*, et aiguilles de *Cèdre*.

WILLIAM'SK

PRIÈRES, RITUELS ET INVOCATIONS

COMMENT LE PRIER & SOLLICITER SON AIDE

Les prières, rituels et invocations de ce chapitre sont issus de diverses traditions et croyances spirituelles à travers le monde.

Comment invoquer son Ange Gardien ?

Lorsque le doute prend le dessus et qu'aucune décision claire ne vient à l'esprit, il est toujours bon de se sentir soutenu dans de telles situations.

———— ⚜ ————

Si vous ressentez le besoin de contacter votre Ange gardien, si vous avez un souhait à lui demander ou si vous avez des " questions " à lui poser, peu importe la question, peu importe votre demande, voici une manière comme tant d'autres, de l'invoquer ou de solliciter son aide et son soutien.

Sachez que les réponses de votre Ange gardien, peuvent arriver sous diverses formes de messages ou de manifestations, il vous répondra de la manière qu'il jugera la plus appropriée :

- Pressentiment, intuition immédiate.
- Vision éveillée, compréhension de l'invisible.
- Rêve conscient *(lucide)* ou inconscient, rêve de faux éveil.
- Paralysie du sommeil, expériences hors du corps.
- Indice ou signe matériel, perception sensorielle et extra-sensorielle.
- Plus rarement ; phénomène " extraordinaire ", merveilleux ou miraculeux, inexplicable.

COMMENT SE MANIFESTENT-ILS ?

Les Anges ne se manifestent pas de façon physique ou matérielle, ils ne possèdent pas de corps charnel et ne sont donc pas palpables, il est impossible de les toucher.

Néanmoins, lorsqu'ils se manifestent, nous sommes capable de ressentir leur présence. Les Anges peuvent être perceptible par certains sens humains.

Lorsque nous sollicitons leur intervention, les Anges sont capables de se manifester de diverses manières perceptibles par les fonctions psychophysiologiques humaines, afin de confirmer leur présence auprès des Hommes :

- Sentir une odeur ou un parfum agréable.
- Entendre des sons harmonieux, des voix sereines.
- Ressentir un souffle en l'absence du vent.
- Ressentir une présence bénéfique, rassurante.
- Plus rarement ; vision éthérée plus ou moins nette, d'une silhouette aux traits du genre humain.

QUESTIONNER ET INVOQUER SON ANGE

Tout d'abord, asseyez-vous ou mieux, couchez-vous dans une position confortable. Vos mains et vos pieds ne doivent pas se toucher. Respirez sereinement et commencez par relâcher complètement, tous les muscles de votre corps.

Par la suite, fermez doucement les yeux et faites le vide dans votre esprit. Calmez-vous en faisant barrière à toutes les idées superflues pouvant surgir, et perturber le bon déroulement de votre appel.

Après un petit laps de temps, qui deviendra plus court avec la pratique, vous sentirez votre corps devenir plus léger.

Paisiblement, invoquez votre Ange gardien :

" Ô Saint Ange gardien *(dites son nom)*,
J'implore ton assistance.

Toi qui m'aides à guider ma vie,
Je te remercie sincèrement.

Ô Ange gardien *(dites son nom)*,
Grâce aux pouvoirs des quatre éléments,
Feu, eau, terre et air, reçois mon appel.

*(posez votre question, ou sollicitez
son soutien pour ce que vous souhaitez)*

Ô Saint Ange *(dites son nom)*,
Je suis disposé à recevoir ta parole. "

" Ainsi soit il "

Remarque importante

Rappelez-vous, avant de commencer ou de contacter votre Ange gardien, vous devez avoir une idée claire de la question que vous voulez lui poser. Vous devez être mentalement prêt à attendre de lui, une réponse qui éclairera votre vie ou non.

Formulez cette invocation à voix basse ou plus simplement, dans votre esprit, selon les besoins que vous ressentirez à ce moment précis. Puis patientez sereinement jusqu'à l'obtention de sa réponse.

Lors de vos premières tentatives, vous risquez de vous endormir, ce qui est normal, ne vous inquiétez pas. Ce n'est qu'après plusieurs tentatives et récitations que vous pourrez bénéficier d'une " vision claire ". Dans tous les cas, il répondra à votre demande.

Si vous ne recevez pas de réponse, cela peut signifier que vous devez améliorer votre façon de pratiquer l'invocation. Il n'y a pas de raison de s'inquiéter, le processus est normal, recommencez simplement le lendemain.

Il n'y a qu'un seul cas où un Ange gardien ne répondra pas à votre demande, par exemple, un souhait ou une question négative visant à nuire à autrui, ne sera pas résolu et restera immanquablement sans réponse.

L'Ange Gardien *(L'Angelo Custode)*
Gravure. Francesco Zuccarelli. 1742.

Prières & Supplications

ANGE DU TOUT-PUISSANT

- Prière du soir -

Cette prière a l'Ange Gardien a été recommandée par Saint Vincent Ferrier (1350-1419), un prêtre de l'Ordre dominicain qui est resté célèbre pour ses prédications publiques.

" Ange du *Tout-Puissant*,
Qui est mon gardien.

Par ordre de la divine providence,
Protège-moi en cette nuit.

Éclaire mon cœur et mon esprit,
Soutiens mes affections,
Et maîtrise mes sentiments.

Pour que je n'offense pas le *Créateur* tout puissant. "

" Ainsi soit-il. "

PRIÈRE À L'ANGE GARDIEN

" Ô saint Ange *(dites le nom de votre ange)*,
Prends soin de mon âme et de mon corps.

Éclaire mon esprit,
Pour que je puisse mieux connaître le *Créateur*,
Pour que je puisse l'aimer de tout mon cœur.

Assiste-moi dans ma prière,
Aide-moi par tes inspirations.

Défends moi de toutes les tentations,
Et de tous les dangers.

Remplace ma froideur,
Dans le culte du *Tout-Puissant*.

Ne cesse pas de me protéger,
Jusqu'à ce qu'il me conduise au paradis,
Où nous louerons ensemble l'*Éternel* durant l'éternité. "

" Amen. "

Prière à Tous les Anges

" Ô Esprits Purs et protecteur,
Vous tous, Saints *Anges* et *Archanges*,
Trônes et *Dominations*,
Principautés et *Puissances*,
Vertus du Ciel,
Chérubins et *Séraphins*,
Louez le *Créateur* pour toujours. "

" Amen. "

LA VISION DU PROPHÈTE ÉZÉCHIEL
Gustave Doré. 1883.

ANGE DE DIEU
- Prière à l'Ange Gardien -

Ange de Dieu (Angele Dei, en latin), est une prière adressée à l'Ange gardien le jour de la fête des Saints Anges. Elle permet d'être sous la protection et l'assistance de son Ange, et accorde aussi à ceux qui la récitent souvent, l'indulgence plénière (grâce offerte par Dieu permettant réparation et effacement du désordre causé par le péché).

EN FRANÇAIS

" Ange de *Dieu*,
Qui est mon gardien,
Et à qui j'ai été confié par la Bonté divine,
Éclaire-moi, défends-moi,
Conduis-moi et dirige-moi. "

" Amen. "

EN LATIN

" Ángele Dei,
qui custos es mei,
me, tibi commissum pietáte supérna,
illúmina, custódi,
rege et gubérna. "

" Amen. "

PRIÈRE AU TENDRE GARDIEN

La prière au " Tendre Gardien " est à l'origine une " Prière de protestation " de Saint-Charles-Borromée (1538-1584) à son Ange gardien, pour obtenir une bonne mort. La prière actuelle, reprise dans bon nombre d'ouvrages sur les Anges, n'est en fait qu'un extrait (paragraphe final) de la prière originale.

" Regardez donc mon âme
Comme vous étant toute confiée,
Ô mon très tendre Gardien !

Et au sortir de la prison de son corps,
Daignez la remettre entre les mains
de son Créateur et Rédempteur,

Afin qu'avec vous et avec tous les Saints du ciel,
Elle puisse jouir de sa présence, l'aimer parfaitement,
Et en jouir pleinement pendant toute l'éternité. "

" Ainsi soit-il. "

PRIÈRE À L'ANGE DE BON CONSEIL

Cette prière à l'Ange Gardien pour obtenir quelque grâce particulière, est ce que l'on appelle une " prière jaculatoire " : une prière courte et qui se doit être récitée avec ferveur.

" Mon cher Ange,
À qui pourrai-je m'adresser mieux qu'à vous,
Dans cette circonstance fâcheuse où je me trouve ?

Aidez-moi maintenant dans cette affaire difficile.

Donnez-moi un bon conseil,
Réglez-en le succès,
Faites qu'elle tourne à la plus grande gloire de Dieu
et au salut de mon âme. "

" Amen. "

PRIÈRE À SAINT-MICHEL
- Petit exorcisme de Léon XIII -

Le " petit exorcisme de Léon XIII ", dont la version abrégée est nommée " Prière à Saint-Michel ", est une prière d'exorcisme écrite par le pape Léon XIII à la suite d'une extase. Cette prière a été encouragée par le pape Jean-Paul II. Par contre, seuls les prêtres recommandés par leur évêque sont autorisés à l'employer comme prière de délivrance, et d'autant plus pour un exorcisme.

" Saint Michel Archange,
Défendez-nous dans le combat,
Et soyez notre protecteur contre la méchanceté,
et les embûches du démon.

Que Dieu lui commande,
Nous vous en supplions ;

Et vous, Prince de la Milice Céleste,
Par le pouvoir divin qui vous a été confié,
Précipitez au fond des enfers Satan,
Et les autres esprits mauvais qui parcourent le monde
pour la perte des âmes. "

" Amen. "

ANGE GARDIEN.
Gravure sur bois. 1877.
Julius Schnorr von Carolsfeld (1794-1872)..

Prière à tous les Anges Gardiens

" Je vous salue,
Saints Anges Gardiens de mes parents,
De mes amis et de mes bienfaiteurs ;
Gardez-les et protégez-les d'une manière spéciale ;
Secourez-les dans tous leurs besoins ;

Unissez-vous tous pour les assister,
Tous et chacun d'eux,
Maintenant, pendant toute leur vie,
Et spécialement à l'heure de la mort.

Je vous salue,
Saints Anges protecteurs de cet État, de cette Paroisse,
De cette maison et de tous ses habitants ;
Je vous révère et je me recommande à votre
bienveillance.

Éloignez de nous les scandales, les iniquités,
Les hérésies, les grêles, les tempêtes,
Les incendies, la peste et les autres fléaux. "

" Ainsi soit-il. "

PRIÈRE D'AIDE PUISSANTE
À SAINT MICKAËL

" Ô Prince Glorieux des armées célestes,
Vainqueur des esprits rebelles.

Soit attentif à mon égard,
Moi qui suis si faible et pécheur,
Enclin à la vanité et à la colère.

Prête-moi, je te prie, ton aide toute puissante,
Dans toutes les tentations et difficultés.

Et surtout ne m'abandonne pas dans la lutte contre les
puissances du mal. "

" Amen. "

Rituels & Invocations

Invocation pour être en bonne santé

- A pratiquer le soir en lune montante -

Cette invocation est adressée afin de conserver une bonne santé physique et mentale. On l'emploie aussi en soutien pour un proche souffrant, afin de l'aider à combattre la maladie.

Prenez un mélange d'encens composé d'un volume de *Myrrhe* et de deux volumes d'*Oliban*. Munissez-vous de trois chandelles blanches et d'une chandelle couleur Or.

Avant d'aller vous coucher, et après quelques instants de méditation profonde, allumez votre encens ainsi que les chandelles blanches et la chandelle Or.

Ange accompagnant l'Homme
Jacques Collin de Plancy. Dictionnaire infernal.

Détendez-vous et invoquez sereinement :

" Ô Lumière Puissante,
J'implore l'Ange des *Vertus ; Sehaliah*.

Ô Pur Esprit auréolé,
Je sollicite la clarté de l'*Archange ; Anauel*.

Ô Saint Messager Divin,
Je supplie l'*Ange* éclaireur ; *Mumiah*.

Saints Anges *Sehaliah*, *Anauel* et *Mumiah*,
Envoyés du *Très-Haut* et garant de la santé,
À vous trois, éclairez mon cœur et mon esprit.

Gardez-moi loin de la maladie,
Et conservez-moi en bonne santé.

J'implore votre douceur et votre clémence,
Afin de soutenir mon corps et mon âme. "

" Ainsi soit-il. "

Méditez quelques instants, et remerciez ces Anges Gardiens. Vous pouvez éteindre les trois chandelles blanches si vous le souhaitez, mais laissez la chandelle Or et l'encens se consumer en guise d'offrande et de gratitude.

RITUEL POUR ATTIRER UN PEU D'ARGENT

Ce rituel Angélique est recommandé si vous souhaitez recevoir un peu d'argent imprévu. Un rituel simple et agréable.

Commencez par méditer profondément sur votre souhait. En rassemblant les ingrédients et tout en commençant ce rituel, gardez clairement votre but dans votre esprit, ne vous laissez pas perturber par des nuisances.

Munissez-vous d'une chandelle blanche et allumez-la, avec précaution. Mélangez quelques gouttes d'eau bénite avec de l'encre rouge.

Prenez trois pièces de monnaies en argent, et une branche de chêne. Trempez l'extrémité de la branche dans le mélange encre rouge et eau bénite, et laissez tomber trois gouttes sur chaque pièce de monnaie.

Prenez un pot en terre cuite et déposez de la terre au fond de celui-ci, et placez les trois pièces dessus. Rempotez soigneusement avec une plante verte de votre choix, placez-la par-dessus les éléments.

Méditez quelques instants, et arrosez délicatement cette plante qui va grandir et s'épanouir.

Invoquez à voix haute :

" Lumières toutes puissantes,
Anges Protecteurs *Uriel* et *Poyel,*
Je vous implore.

Je vous supplie d'unir vos dons et aptitudes,
Et sollicite votre bienveillance.

Ô Saints Anges *Uriel* et *Poyel,*
Comme cette plante va se développer,
Faites que mon argent croisse.

De cette richesse,
Et de cette fortune,
Je n'en ferais pas acte d'avarice.

Ô Saints messagers *Uriel* et *Poyel,*
Ces ressources me sont nécessaires,
Et me seront profitable à :

(énoncez pour quelles raisons vous en avez besoin) "

" Qu'il en soit ainsi. "

RITUEL DE PROTECTION DE L'ANGE GARDIEN

Si vous sentez l'influence nocive peser trop lourd sur vous, ce rituel permet d'être libéré des entraves douloureuses, et d'éloigner les ennemis. Il permet de bénéficier de la protection de son Ange Gardien.

Prenez un bâton d'encens d'Ambre et munissez-vous d'une chandelle blanche.

Allumez la chandelle blanche, et disposez-la face à vous. Visualisez la flamme, et faites le vide en vous. Méditez un court instant.

Allumez le bâton d'encens, et prenez-le avec précaution dans vos mains. Tenez-le fermement entre vos mains jointes.

Prononcez sereinement :

" Ô Saint Ange de lumière,
J'invoque votre présence.

Aidez-moi à obtenir ce que j'attends,
Car ma demande est juste et décente.

Je vous invoque à travers le Ciel et la Terre,
Par le Soleil et à travers la Lune,
Placez-moi hors de portée de mes ennemis,
Et éloignez-moi des esprits malveillants.

Par l'exhalaison de cet encens,
Je vous remercie pour votre protection.

Que la paix règne en nous et pour toujours. "

" Qu'il en soit ainsi. "

Posez et laissez le bâton d'encens se consumer comme offrande à l'Ange Gardien. Éteignez la chandelle et gardez-la précieusement pour une utilisation prochaine.

Ce rituel de protection est à réaliser chaque samedi pendant quatre semaines consécutives.

INVOCATION POUR PROTÉGER SON FOYER

Ce rituel invocatoire permet de protéger son foyer des influences néfastes du monde physique et supraterrestre. Il agit tel un bouclier ou un dôme protecteur. Réalisez ce rituel dans une pièce calme. Ne soyez pas importuné.

Rassemblez ces éléments :

- De l'encens d'Oliban.

- Une chandelle Blanche.

- Un petit bol d'eau.

- Un petit bol de gros sel,
  ou une pierre roulée d'ambre.

- Une boussole.

Avec l'aide de la boussole repérez le Nord et faites face à ce point cardinal.

Asseyez-vous, par exemple, au sol ou placez-vous en tailleur, et méditez un court instant. Faites le vide dans votre esprit et respirez paisiblement, ressentez l'air qui entre et qui sort de vos poumons.

Sereinement, suivez ces instructions et invoquez :

(Déposez le bol de sel ou l'ambre,
devant vous, à un mètre environ)

" Ô Archange *Uriel*,
Je t'implore afin de garder le côté Nord.

(tournez-vous à l'Est, allumez et posez l'encens)

Ô Archange *Raphaël*,
Je te sollicite afin de veiller sur l'Est.

(tournez à l'Ouest, posez l'eau,
et aspergez quelques gouttes)

Ô Archange *Gabriel*,
Je t'adjure de préserver la voie Ouest.

(tournez au Sud, déposez et allumez la chandelle)

Ô Archange *Michaël*,
Je t'invoque afin de protéger le Sud.

(visualisez et répétez quatre fois)

Uriel, *Michaël*, *Raphaël*, *Gabriel*, unifiez vos vertus,
Et d'un parfait accord bâtissez un dôme protecteur,
Une coupole pour veiller sur mes semblables,
Une voûte pour abriter mon foyer de tout danger "

" Ainsi soit-il "

RITUEL POUR SOUTENIR SES PROCHES

Le bonheur de ceux que vous aimez et qui vous entourent est aussi le vôtre, et être heureux parmi les gens qui le sont aussi, est sans aucun doute la plus belle chose qui existe. Ce rituel angélique permet d'apporter un soutien à ceux que vous aimez et qui souffrent. Il les aide à retrouver la force afin d'améliorer leur situation.

Prenez un bâton d'encens de votre choix et munissez-vous d'une chandelle ou d'une bougie blanche.

Allumez la chandelle blanche et le bâton d'encens. Prenez le bâton d'encens avec précaution dans vos mains. Tenez-le fermement entre vos mains jointes.

Visualisez la fumée de l'encens, et faites le vide dans votre esprit. Méditez un court instant.

Après ce laps de temps méditatif, tout en gardant l'encens entre vos mains, concentrez-vous sur la flamme de la bougie et prononcez paisiblement cette prière.

" Ô Saints Anges protecteurs,
Par le pouvoir qui vous est conféré,
Je vous supplie de m'entendre.

Saints Anges protecteurs, je vous appelle,
Je vous prie de venir au secours de ceux que j'aime.

Faites-leur connaître les noms de leurs anges,
Et apportez leur la force,
Afin d'améliorer leurs situations,
Et pour qu'ils retrouvent le bonheur.

Accordez-moi le pouvoir de les soutenir,
Et, ouvrez-leur les portes du bonheur. "

" Qu'il en soit ainsi "

Table des matières

INDEX

HIÉRARCHIES CÉLESTES

CHOEURS ANGÉLIQUES

CONNAÎTRE SES ANGES GARDIENS

SPHÈRES SEPHIROTHIQUES

NOMS DES INTELLIGENCES

ANGES CONTRAIRES

ANGES GARDIENS

ARCHANGES MAJEURS

BIBLIOGRAPHIE

René Guénon. *Aperçus sur l'ésotérisme chrétien.* - Éditions Traditionnelles, Paris, 1971.

Gareth Knight. *Guide pratique du symbolisme de la Qabal : Les Sephiroth sur les sphères de l'arbre de la vie.* Volumes 1 et 2. - Éditions Ediru, s.l., 1983.

Haziel. *Communiquer avec son Ange Gardien : Quand et comment le rencontrer.* - Éditions Bussière, Paris, 1995.

Auteur inconnu. *Compendium du catéchisme de l'Église catholique.* - Libreria Editrice Vaticana, Città del Vaticano, 2005.

Auteur inconnu. *Congrégation pour la Doctrine de la Foi : Lettre aux Ordinaires au sujet des normes sur l'Exorcisme.* - Roman Curia, Città del Vaticano, 1985.

Jean Chevalier et Alain Gheerbrant. *Dictionnaire des Symboles : Mythes, Rêves, Coutumes, Gestes, Formes, Figures, Couleurs, Nombres.* 21e édition. - Éditions Robert Laffont / Jupiter, s.l. 2000.

Augustin Calmet *(Dom Calmet)*. *Dissertations qui peuvent servir de prolégomènes de l'Écriture Sainte.* Tome 1. - Emery Père et Fils, Saugrain l'aîné, Pierre Martin, Paris, 1720. - Chap. *Dissertation Sur Les Bons Anges Et Les Mauvais Anges*, p.615.

Auteur Inconnu. *Fête des saints archanges Michel, Gabriel et Raphaël.* - Liturgie et Sacrement, Service National de la Pastorale Liturgique et Sacramentelle, Paris, s.d..

Solomon Schechter, Ludwig Blau, Emil G. Hirsch. *Gabriel (article).* - Jewish Encyclopedia, The unedited full-text of the 1906 Jewish Encyclopedia, s.l.n.d..

SBG *(Société Biblique de Genève)*. *La Bible : L'original, avec les mots d'aujourd'hui*. Second 21, Quatrième édition. - Société Biblique de Genève, 2007/2008.

Saint Jérôme de Stridon *(Eusebius Sophronius Hieronymus Stridonensis)*. *La Bible Vulgate : The Latin Vulgate Old Testament Bible With Douay-Rheims*. English Translation. - s.n., s.l.n.d..

Papus. *La Cabbale : Tradition secrète de l'occident*. - Librairie Générale des Sciences Occultes, Bibliothèque Charcornac, Paris, 1903.

Robert Ambelain. *La Kabbale Pratique : Introduction à l'étude de la Kabbale Mystique et Pratique et à la mise en action de ses traditions et de ses Symboles en vue de la Théurgie*. - Niclaus, Éditions Bussière, 1989.

Pierre Aly Soumarey. *La Révélation Coranique : source et modalités*. Volume 1. - Éditions du Panthéon, 2014. - Extrait de *L'homme face à sa finalité*.

Lazare Lenain. *La science cabalistique : ou l'art de connaître les bons génies*. - Chez l'auteur, Amiens, 1823.

Denis Clabaine. *Le combat exorciste de l'Eglise*. - Association Tout restaurer dans le Christ, s.l., 1988.

Gustav Davidson. *Le dictionnaire des Anges*. - Éditions Le Jardin des Livres, Paris, 2005.

Reynald Boschiero. *Le guide des pierres de soins : Pour tout savoir sur les pierres et leurs énergies subtiles*. - Éditions Marabout, s.l., 2004.

René Guénon. *Le symbolisme de la croix*. - Éditions Guy Trédaniel, Paris, 1996.

Haziel. *Les pouvoirs de l'Ange Gardien : Dons providentiels qu'il accorde*. - Éditions Bussière, Paris, 1997.

M. l'Abbé Philippe Du Contant de la Molette. *Les Pseaumes Expliqués : D'après l'Hébreu, le Chaldéen, le Syriaque, l'Arabe, l'Éthiopien, l'Arménien, le Grec et le Latin*. Tome Premier. - Chez Moutard, Paris, 1781.

Georg Friedrich Creuzer. *Religions de l'antiquité : considérées principalement dans leurs formes symboliques et mythologiques*. Vol. 4. - Cabinet de lecture Allemande, Paris, 1841.

Francis Melville. *Secrets de Haute Magie*. - Éditions Contre-dires, Paris, 2004.

Monseigneur Xavier Barbier de Montault. *Traité d'Iconographie chrétienne*. - Éditions Société de Librairie Ecclésiastique et Religieuse, Paris, 1989.

Auteur Inconnu. *Ange de l'Église, Texte et prières*. - Éditions Bénédictines, Saint-Benoît-du-Sault, 1999.

Auteur Inconnu. *Dévotions aux Saints Anges Gardiens*. - Chez P.-J. Hanicq, Imprimeur de l'Archevêché, 1831.

Voltaire. *Œuvres complètes de Voltaire : Dictionnaire philosophique*. Vol. 17. - Éditions Garnier frères, Paris, 1878. - Chap. Ange, p.245 et sv.

Adrien Baillet. *Jugements des savants sur les principaux ouvrages des auteurs*. Tome 3. - Éditions C. Moette, Paris, 1722.

Auteur Inconnu, par un Religieux Bénédictin. *La doctrine de l'Écriture et des pères sur les guérisons miraculeuses*. - C.D.S.M., s.l., 1754.

Augustin Calmet (Dom Calmet). *La Sainte Bible en latin et en françois, avec des notes littérales, critiques et historiques, des préfaces et des dissertations*. Tome 13. - Chez Antoine Boudet imprimeur du roi et François-Barthelemi Merande impimeur-libraire, Paris, 1773.

ILLUSTRATIONS

Herzog August Bibliothek *(Bibliothèque du duc Auguste).*
Wolfenbüttel, Basse-Saxe, Allemagne.

BNE *(Bibliothèque nationale d'Espagne).*
Biblioteca Nacional de España.

PESSCA
Project on the Engraved Source of Spanish Colonial Art.

BNF *(Bibliothèque national de France).*
Bibliothèque numérique Gallica.
Projet Atelier Data BNF.

numelyo
Bibliothèque Numérique de Lyon.

Internet Archive
The Digital Library.

Sloan Foundation
Getty Research Institute.

Istock
by Getty images.

The Drawing Community
Drawing Pictures, Guardian Angel Praying.

CONNAÎTRE
SES ANGES GARDIENS

— ❦ —

POUVOIRS ET VERTUS,
PRIÈRES, RITUELS & INVOCATIONS

Première publication 2009
Seconde publication 2011
Première édition 2019

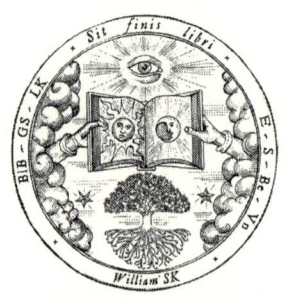

Achevé en juillet 2019
par William'SK - Gaïa Esotérica.

———— ✂ ————

Texte
William'SK

Illustration de couverture
William'SK

———— ✂ ————

*Merci à toute la communauté
et aux utilisateurs des médias sociaux
pour vos conseils quant à la réalisation de cet ouvrage.*

Du même Éditeur

La Pierre Philosophale - Papus
Preuves Irréfutables de son Existence
ISBN : 978-1-5497614-9-2

Qu'est-ce que l'Occultisme ? - Papus
Étude Philosophique et Critique
ISBN : 979-8-6292838-4-3

Du même Auteur
chez le même Éditeur

Développer son Potentiel Relationnel Grâce aux Runes
Apprendre à Tirer et Interpréter les Runes
ISBN : 978-1-9765883-1-0

**Le Sabbat des Sorciers et
La Dernière Sorcière Brûlée à Genève**
Édition revue et corrigée, augmentée et illustrée
ISBN : 978-2-9566912-1-1

VISITER LE SITE

www.gaia-esoterica.blogspot.com

SUIVRE L'AUTEUR

🅕 gaia.esoterica.fr

🅘 gaia_esoterica

▶ habuhiahzen

🐦 Gaia_Esoterica

Achevé en juillet 2019.

Dépôt légal : août 2019.

ISBN : 978-2-9566912-0-4
EAN : 9782956691204

William'SK - Gaïa Esotérica
Éditions & Publications
Haut-Rhin | Alsace | France

Made in United States
Orlando, FL
30 March 2022

16306286R00224